DIREITO — DIALÉTICA DA RAZÃO

DIREITO — DIALÉTICA DA RAZÃO

FLAVIO GOLDBERG

Copyright © 2020 by Editora Letramento
Copyright © 2020 by Flavio Goldberg

DIRETOR EDITORIAL | **Gustavo Abreu**
DIRETOR ADMINISTRATIVO | **Júnior Gaudereto**
DIRETOR FINANCEIRO | **Cláudio Macedo**
LOGÍSTICA | **Vinícius Santiago**
COMUNICAÇÃO E MARKETING | **Giulia Staar**
EDITORA | **Laura Brand**
ASSISTENTE EDITORIAL | **Carolina Fonseca**
DESIGNER EDITORIAL | **Gustavo Zeferino e Luís Otávio Ferreira**
CONSELHO EDITORIAL | **Alessandra Mara de Freitas Silva; Alexandre Morais da Rosa; Bruno Miragem; Carlos María Cárcova; Cássio Augusto de Barros Brant; Cristian Kiefer da Silva; Cristiane Dupret; Edson Nakata Jr; Georges Abboud; Henderson Fürst; Henrique Garbellini Carnio; Henrique Júdice Magalhães; Leonardo Isaac Yarochewsky; Lucas Moraes Martins; Luiz Fernando do Vale de Almeida Guilherme; Nuno Miguel Branco de Sá Viana Rebelo; Renata de Lima Rodrigues; Rubens Casara; Salah H. Khaled Jr; Willis Santiago Guerra Filho.**

Todos os direitos reservados.
Não é permitida a reprodução desta obra sem
aprovação do Grupo Editorial Letramento.

Dados Internacionais de Catalogação na Publicação (CIP) de acordo com ISBD

G618d	Goldberg, Flavio
	Direito – dialética da razão / Flavio Goldberg. - Belo Horizonte, MG : Casa do Direito, 2020.
	206 p. ; 15,5cm x 22,5cm.
	Inclui anexo.
	ISBN: 978-65-86025-78-1
	1. Direito. 2. Razão. I. Título.
2020-2488	CDD 340 CDU 34

Elaborado por Vagner Rodolfo da Silva - CRB-8/9410

Índice para catálogo sistemático:
1. Direito 340
2. Direito 34

Belo Horizonte - MG
Rua Magnólia, 1086
Bairro Caiçara
CEP 30770-020
Fone 31 3327-5771
contato@editoraletramento.com.br
editoraletramento.com.br
casadodireito.com

Casa do Direito é o selo jurídico do
Grupo Editorial Letramento

Dedico este livro à Norma, minha mãe que inspira no nome a minha vocação.

SUMÁRIO

9	PREFÁCIO
13	APRESENTAÇÃO
15	INTRODUÇÃO
17	OS TRÊS PODERES E UMA FORÇA
19	UM *MAÎTRE À PENSER* NO CONSELHO DA REPÚBLICA
21	UNIDADE NACIONAL E DEMOCRACIA COMPARTILHADA
23	WEINTRAUB NÃO REPRESENTA O POVO DO LIVRO
25	A MISSÃO DO "TURCO" É AJUDANDO, PROMOVER A PAZ
27	A ÉTICA MÉDICA E A DESCRIMINAÇÃO CONTRA O IDOSO
29	GUARDA COMPARTILHADA E SEUS DESDOBRAMENTOS
37	NA PANDEMIA, A MISOGINIA QUE MATA
39	O SAGRADO E O PROFANO NO STF
41	NOVAS PERSPECTIVAS DE FAMÍLIA NO DIREITO CIVIL: ENTENDIMENTO JURÍDICO DAS TRANSFORMAÇÕES SOCIAIS
49	VIOLÊNCIA CONTRA A MULHER, CRIME CONTRA A HUMANIDADE
51	STF DECIDE SE BRASIL SERÁ UMA TEOCRACIA
53	O LEGISLATIVO E SUA DISFUNÇÃO DE COMPETÊNCIA
55	TUTELA JURISDICIONAL DIFERENCIADA
67	A INCOMPETÊNCIA DO ESTADO NO JULGAMENTO DA SANIDADE MENTAL
69	CARÁTER SUBJETIVO DA UNIÃO ESTÁVEL NO CONFINAMENTO
71	O CARÁTER PERPÉTUO NA PRISÃO DE PESSOAS IDOSAS NO BRASIL

75	POR UM CONSELHO DE EX-PRESIDENTES NA CRISE
77	ALIENAÇÃO PARENTAL: ENTENDA O QUE É, COMO PROVAR E QUAL A PENA PARA QUEM COMETER O CRIME
81	PRECEDENTE HISTÓRICO NUM IMPASSE GOVERNAMENTAL
83	QUARENTENA VERTICAL E SUAS CONSEQUÊNCIAS
85	TAXAS COBRADAS POR ASSOCIAÇÕES DE MORADORES SÃO ILEGAIS
87	A PANDEMIA: OLHAR INTERDISCIPLINAR
95	CONFLITO INCIVIL ROMPE PACTO FEDERATIVO
97	FUNDAMENTO ÉTICO DA PEC DA PRISÃO EM SEGUNDA INSTÂNCIA
99	MEDIAÇÃO: A SOLUÇÃO JURÍDICA E TERAPÊUTICA PARA OS CONFLITOS FAMILIARES
101	O PAPEL E O ESPÍRITO DAS FORÇAS ARMADAS NA CENA BRASILEIRA
103	BOLSONARO, O CORONAVÍRUS E O FUNCIONAMENTO DO PODER CENTRAL NO BRASIL
109	FALÊNCIA DO REGIME HÍBRIDO NO IMPASSE CONSTITUCIONAL
111	O DIA EM QUE O BRASIL PERDEU UMA ELEIÇÃO
113	O RISCO DA MONARQUIA REPUBLICANA
115	POLICIA FEDERAL SUBORDINADA, MAS NÃO SUBSERVIENTE
117	RASGAR A CONSTITUIÇÃO FRATURA O PAÍS
119	TRÊS PODERES IMPOTENTES, AUTONOMIA COM HARMONIA
121	CRIME DE ÓDIO E O DESEJO DA MORTE
123	FRAUDE INTELECTUAL NA CLÁUSULA DE NÃO CONCORRÊNCIA
125	MEDIAÇÃO NOS CONFLITOS CONTRATUAIS DURANTE A CRISE PANDÊMICA

129	SEGURO GARANTIA JUDICIAL EM AÇÕES TRABALHISTAS
131	ABUSO DE AUTORIDADE E A MICROVIOLÊNCIA
133	DIREITO UNIVERSAL, ISONOMIA NA TRANSPARÊNCIA
135	EXECRAÇÃO PÚBLICA E O DIREITO AO ESQUECIMENTO
137	INTERPRETAÇÃO TENDENCIOSA DE GRAVAÇÃO É PROVA IMPRESTÁVEL
139	MAIORIDADE PENAL REVISTA E O FIM DO CRIME
141	O CÉU SUBTERRÂNEO
143	O DESACATO ENQUANTO DESOBEDIÊNCIA CIVIL
145	SUICÍDIO, UM DESAFIO AO DIREITO PENAL
147	SUPREMO DRAMA GREGO
149	IDENTIFICAÇÃO SUSPEITA
151	PANDEMIA E DIREITOS HUMANOS AMEAÇADOS
153	PORTUGAL – BRASIL: NOSSA CULTURA JURÍDICA
155	VOLUNTARIEDADE COMO BASE DO CASAMENTO
159	O QUE É GORDOFOBIA? SAIBA QUAIS SÃO OS EFEITOS PARA QUEM SOFRE DISCRIMINAÇÃO
163	INTERLOCUÇÃO BRASIL – GABRIEL CHALITA
175	INTERLOCUÇÃO BRASIL – ALEX MANENTE
181	INTERLOCUÇÃO BRASIL – FERNANDO COLLOR DE MELLO
195	INTERLOCUÇÃO BRASIL – MICHEL TEMER

PREFÁCIO

O leitor tem em mãos uma vigorosa coletânea de instigantes artigos da autoria do advogado e professor Flávio Henrique Elwing Goldberg, o qual neles nos demonstra como vai se talhando e aprimorando um promissor estudioso do Direito e das questões com ele imbricadas.

Aborda o autor temas da mais alta relevância e atualidade, em que bem identifica a existência de uma crônica ruptura ideológica do tecido político do país, e defende ser imperativo o resguardo da transparência e a contenção do abuso de autoridade. Nesse contexto, repudia, com inquestionável veemência, discurso de deputado condenado por crime comum em que aquele se equiparou a Jesus. Alude, então, à necessária e oportuna formação do Conselho da República ou do Conselho de Notáveis, órgão que possibilitaria carrear para o exercício da política nacional a experiência e a temperança de seus selecionados e eméritos membros.

Destaca o caráter universal da democracia e exalta o compartilhamento a ela inerente. Critica a postura anti-intelectual de certo ex-ministro (cujo nome omito apenas porque não vale a pena enunciá-lo), assim como a competência do Estado para decidir sobre a matéria da normalidade psíquica de qualquer pessoa, e questiona com grande desenvoltura a monetização de vidas humanas.

Coloca luzes sobre diversos temas referentes ao Direito de Família, como a guarda compartilhada, a união estável e a possibilidade da sua caracterização ou não no decorrer da pandemia que vivemos, e, nesse ensejo, lembra do fenômeno da personalização da família e as mudanças do modo de ser daquela, a qual passou a estar fundada na vontade e no afeto de seus constituintes, alteração essa que valoriza os vínculos parentais e resguarda os supremos interesses da prole. Discorre sobre a definição de família nos tempos que correm, enfoca a família constitucional, enfim, trabalha com os novos conceitos que permeiam as relações familiares, frisando o direito à diversidade, e traz considerações pertinentes que devem ser tidas em mente no momento de lidar com questões relativas a este primordial instituto do Direito Civil. Atrela o assunto, ainda, à matéria da mediação, destacando a moderna tendência de priorizar-se o entendimento entre as partes, a necessidade de buscar-se meios alternativos de solução de demandas, especialmente, no que toca aos casos que envolvem Direito de Família, ramo no qual de extrema importância haja observância à interdisciplinaridade e ao sobreprincípio da dignidade da pessoa humana.

Põe frente a frente teocracia e direitos humanos, e escancara a ameaça que a primeira representa para a última. Elogia a admissão do seguro garantia judicial em ações trabalhistas, e defende o prestígio da livre concorrência. Relata ocorrências que vêm expondo as instituições a inúmeras críticas e comenta sobre o triste abalo de confiança que tal situação está a provocar para aquelas, deixando patente a sua preocupação de pessoa que conhece da importância destas mesmas instituições para a preservação da democracia e da sociedade.

Adentra no campo do Direito Processual Civil e cuida da tutela diferenciada, ressalta a instrumentalidade do processo, ponderando ser adequada a criação de procedimentos que efetivamente sirvam à tutela dos direitos materiais. Também se posiciona quanto à inaceitabilidade de determinados documentos obtidos mediante "espionagem eletrônica" como prova, principalmente quando objeto de tendenciosa interpretação.

No âmbito do Direito Penal, levanta inúmeras questões polêmicas e candentes, relacionadas ao direito ao esquecimento, à maioridade penal, ao desacato, ao suicídio, à violência contra a mulher, à gordofobia, à condenação do idoso, sempre sob os influxos de seu espírito nitidamente humanista.

Presta tributo às origens lusas de nosso direito e clama por uma maior aproximação com Portugal no intuito de ambas as nações se aproveitarem do fato de apresentarem muitas convergências, serem irmãs em língua, e cuja cultura jurídica proclama que a tolerância é a sementeira da justiça.

Cuida do tema da pandemia em vários artigos plenos em informação, qualidade, e reflexões indicativas do engajamento do autor com o bem-estar, a verdade e o cidadão.

Seguindo para o fim, vemos que inusitadamente revela o autor ter identificado que o céu pode ser subterrâneo, e nos conduz pela sua travessia fazendo-nos alcançar outros horizontes, tarefa que nos leva a concluir estar o leitor diante de obra provocativa, atual e de conteúdo ímpar, que nos sinaliza estarmos a presenciar o afloramento de um grande jurista.

João Batista Amorim de Vilhena Nunes
Desembargador do Tribunal de Justiça do Estado de São Paulo desde junho de 1989. É formado pela Pontifícia Universidade Católica de São Paulo (1987) Mestre (2005) e Doutor (2010) em Direito Processual pela Universidade de São Paulo.

APRESENTAÇÃO

O advogado, mestre e professor de Direito, *e autor*, Flavio H. Elwing Goldberg descende de (pelo menos) duas grandes e ricas tradições: uma, a origem judaico-polonesa, com sua força e tradição milenares, o amor à cultura e ao conhecimento do "Povo do Livro" — como ele bem lembra em um de seus textos; a outra, da sabedoria popular discreta, mas matreira, profunda e verdadeira do povo autêntico do interior de Minas Gerais.

Some-se a isso a criação num grande centro cosmopolita, o estudo acadêmico profundo, a inteligência privilegiada, a análise crítica aguda e, sobretudo, um verdadeiro e autêntico espírito público, e o resultado pode-se constatar neste livro: crônicas e artigos com uma visão profunda e diferenciada, atentos à realidade atual do Brasil e do mundo, mas com uma perspectiva histórica e um olhar para o futuro, sempre tendo como escopo o Justo.

Neste livro, encontramos personalidades como Sobral Pinto, talvez um dos maiores exemplos de caráter no ramo do Direito; passamos pela formação da República Brasileira, e os interstícios do Estado Novo e do Regime Militar; viajamos por Polônia, América do Norte, Grécia e Rússia; aprendemos a olhar as perspectivas dos menos favorecidos, dos idosos, mulheres e crianças. E, permeando tudo, encontramos a mensagem do apaziguamento e da maturidade da conciliação para o bem comum, seja numa simples causa de família, seja nas relações entre os Poderes da República.

Temas variados, atuais e profundos do Direito marcam sua presença: Mediação, Direito ao Esquecimento, Suicídio, Alienação Parental, Prisão em Segunda Instância, Cláusula de Não Concorrência, e várias questões de Direito Constitucional, todas tratadas com rigor técnico, mas numa perspectiva concreta e contemporânea.

Enfim, temos aqui uma obra que, lida por historiadores no futuro, lhes dará uma rica imagem da sociedade e do Direito brasileiros, e das perspectivas e possibilidades que se colocavam à frente de seu povo ao fim da segunda década do séc. XXI.

E, lida por nós, seus contemporâneos, nos permite enxergar, e buscar concretizar, estas possibilidades.

Carlos Eduardo Lora Franco
Juiz de Direito 3ª Vara Criminal Central da Capital – SP

INTRODUÇÃO

Exercer o Direito em função da Justiça tem sido, desde sempre, para mim um objetivo de vida.

A concepção do "pro bono" em termos de um país como o Brasil se conjuga com um dever de cidadania e uma opção filosófica.

As dimensões continentais de nossa geografia territorial são da complexidade de ordenação de estrutura legal que deve reger o comportamento social das populações desta terra.

Esta constatação eu a questiono de uma visão cosmopolita da megalópole paulistana.

Aqui, a história, a política, a economia, enfim, todas as ciências do "ser na cidade", que é nossa herança do Direito Romano, montam o microcosmo dos conflitos que, praticamente, sintetizam o espectro das conquistas e fracassos que nos interrogam.

Neste panorama incorporei à minha rotina do escritório de advocacia a militância forense, a "práxis" tradicional de nossa cultura que se exprime através da imprensa.

Verdadeiramente operário da palavra, o operador do Direito acaba seduzido pelo discurso narrativo público. A causa é privada, mas contextualizada na social.

Reúno nesta coletânea alguns artigos e trabalhos, inclusive de interlocuções com protagonistas da cena contemporânea que habitamos, alguns dos escritos e debates orais desta faina.

São sempre manifestações que repercutem atividades laborais do escritório, dos tribunais, enfim, daquele fluxo corrente que é a própria essência duma advocacia convidada a se despojar das aparências e se desnudar das essências.

O que é justo? Como trabalhar pela aplicação da Justiça às aflições dos que dela dependem ou que dela precisam para o desenvolvimento humanizado do progresso material e moral do Brasil?

Os assuntos que abordo são aqueles tanto imediatos quanto os de intensidade atemporal.

O dramático choque entre os três poderes da República, Executivo, Legislativo e Judiciário, me levou a elaborar algumas considerações que tiveram ampla repercussão política. Estou convencido da necessidade urgente de um consensualismo, eventualmente, através de um Conselho da República com notáveis em reconhecido saber, patriotismo e altitude ética para harmonizar e com isto maximizar a eficácia da governança.

O pacto federativo com elementos parlamentaristas pode e deve dinamizar a presença da Lei e da Ordem, inclusive com uma efetiva ação das Forças Armadas, no Estado democrático de Direito.

Sim, porque a democracia não pode ser letra fria e por isto morta inscrita na Carta Magna; ela tem que se concretizar através de reformas como a administrativa, tributária, fiscal e todas mais que sirvam para garantir os direitos fundamentais principalmente dos mais pobres, das minorias, dos desamparados que afinal e à cabo tem que ser um princípio espiritual do Direito.

Não existe Direito nem Justiça numa sociedade em que as desigualdades sociais, são, escandalosamente, absurdas.

No meu parecer esta visão não se subordina à uma leitura ideológica, política ou partidária. Os tribunais não podem servir como trampolim as ambições eleitorais.

De Luiz Gama à Sobral Pinto temos exemplos de advogados que sacralizaram nossa profissão não de forma irreal, mas na disputa ardorosa na defesa de suas causas.

Em suma, esta é a minha vontade: que a exposição pública das questões jurídicas que se intercalam com o drama do Brasil de tantas fronteiras, horizontes e limites converse de maneira transparente.

Publicar alguns destes humildes pareceres me parece uma forma de registrar as posições.

No jogo jogado dum Brasil progressista e justo, quero participar por dever de ofício, mas muito mais por consciência e compromisso de vocação.

Flavio Goldberg

OS TRÊS PODERES E UMA FORÇA

A Nação brasileira vive como aliás todo o mundo contemporâneo uma pandemia de proporções sociais inimagináveis com a morte até agora de, aproximadamente, 45.000 vítimas. Um elemento fantasmático desta catástrofe é a inexistência de mecanismos defensivos à altura do desafio, seja em termos materiais e humanos. Este quadro é o cenário que se intercambia com uma crônica ruptura ideológica do tecido político do país com duas concepções intransigentes, que se definem como de esquerda e direita.

Nesta circunstância os três poderes que segundo a Constituição compõe um sistema harmônico em que o Executivo tem a função de executar as leis, o Legislativo criar as leis e o Judiciário de jurisdicionar eventuais conflitos.

Doutra perspectiva, evitando anamorfose, às Forças Armadas cabe a missão de zelar pela defesa da pátria, garantia dos poderes mencionados, e por iniciativa destes, da Lei e da Ordem.

Consultemos a História que não pode ser a madrasta da Verdade.

Afinal e para objetivar: Qual a origem da nossa República?

Entre 1883 d 1887 ocorreu no país a chamada "Questão Militar", caracterizada por uma série de conflitos entre oficiais do Exército e a Monarquia, conduzindo à uma grave crise política que culminou com a campanha republicana.

Episódio emblemático dos choques que se avolumaram é a cena dramática protagonizada pelo marechal Deodoro da Fonseca que na manhã de 15 de novembro de 1879, incentivado por civilistas, principalmente a personalidade de Ruy Barbosa adentra ao então Ministro da Guerra aonde se encontravam os líderes monarquistas e proclama a República.

Ato final de um choque em que a Força se impõe aos Poderes criando uma nova Ordem.

Ato inicial que surge desta configuração que nos reporta à fabulação do "nó górdio", simbolicamente, habitando a diferença das 3 instâncias, impotência, onipotência e potência.

A eleição de Jair Bolsonaro, político com formação militar, patente de capitão e na vice-presidência o general Hamilton Mourão implicou desde o início, tendo em vista a herança da ferida que não cicatriza de 31 de março de 1964 um permanente questionamento do papel das Forças Armadas em relação aos 3 poderes.

Acontece que o destino da pátria num momento de tamanha aflição não pode ser pautado por radicalismos, repetição de padrões, ódios.

O espírito democrático da Constituição e as lições de décadas de respeito das Forças Armadas ao processo civilizatório que alimenta a unidade nacional tem que superar disputas eleitoreiras, ambições, vaidades e mesmo convicções filosóficas para num esforço conjugado enfrentar o inimigo comum sem quartel: a Covid-19 e o vírus do fratricídio.

Em tempos de guerra com mortos num combate desigual, asfixiados e sufocados pelo terror do contágio e o confinamento paralisante, prosseguir em provocações, disputas intermináveis é disseminar o pânico e propiciar o caos.

Somente o altruísmo e uma perspectiva pós-pandêmica de autêntica renovação do sistema político se admite neste campo de batalha em que só existe um inimigo comum, a Morte.

Blog do Fausto Macedo. *O Estado de S. Paulo*, 19 de junho de 2020

UM *MAÎTRE À PENSER* NO CONSELHO DA REPÚBLICA

Os franceses com a malícia da sabedoria popular e a somatória da cultura acadêmica sempre valorizaram a figura do chamado *maître à penser*, aquele sábio que por sua experiência de vida e repertório intelectual exerce a função do professor a quem se escolhe para aprender não fatos, mas um método de pensamento.

Na História política este personagem sempre teve um papel preponderante, tanto positivo quanto negativo na condução dos governantes.

Alguns exemplos dramaticamente nos servem: na Rússia, o Czar foi derrubado pela Revolução Comunista também pelas intrigas palacianas de Rasputim. O ditador Peron influenciado por "El Brujo", Lopes Rega reduziu a Argentina democrática à uma oligarquia política e negocista falimentar.

No Brasil tivemos inúmeros juristas que desempenharam este mister, com Lula, Marcio Thomas Bastos, "God" que serviu aos propósitos do metalúrgico, Jânio Quadros, Oscar Pedroso D'Horta ator na cena da renúncia.

A presidente Dilma Roussef teve sua chance final comprometida quando não entendeu ou não quis entender a mensagem que Michel Temer lhe endereçou na carta modelo clássico do aconselhamento da postura que qualifica o Chefe da Nação. Deu no que deu.

Agora no pandemônio de uma pandemia que ceifa a vida de dezenas de milhares de brasileiros, a História se repete com o Presidente Bolsonaro oscilando entre ouvir as vozes radicais e a sensatez de chefes militares e do mesmo coincidentemente, professor de Direito Constitucional, Michel Temer.

Assisti Temer em sua palestra na Universidade de Oxford e me veio à mente o peso que teria, já naquela ocasião e agora muito mais a presença deste *maître à penser* num Conselho da República que fosse convocado por Jair Bolsonaro, conforme preceitua o artigo 89 da Constituição Federal, que seria um órgão superior de Consulta do Presidente.

Informalmente tudo indica que em momentos críticos e estes se sucedem, diariamente, Bolsonaro pode se amparar na linha mestra em Direito Constitucional que na retro-referida conferência e em toda sua vida como professor, Temer advoga, a prudência, harmonia e equilíbrio para o desenvolvimento do Estado de Direito.

Finalizo de que ouvir quem deve ser ouvido combina com silêncios que falam mais alto do que os comícios de militância.

E neste aspecto o governador Milton Campos, Minas Gerais, aconselhado a mandar o Exército terminar a greve de operários, por atraso de salários respondeu ao "conselheiro" que o ideal seria mandar o "trem pagador".

Urge embora não solicitado a ousadia de fazer o papel: convoque presidente Bolsonaro, enquanto é tempo o Conselho da República.

Blog do Fausto Macedo. *O Estado de S. Paulo*, 29 de junho de 2020.

UNIDADE NACIONAL E DEMOCRACIA COMPARTILHADA

Durante a ditadura de Getúlio Vargas, o carismático líder comunista Luiz Carlos Prestes, aliás oficial do Exército, preso teve como advogado uma das figuras mais emblemáticas do nosso Direito, aliás católico conservador praticante e, declaradamente, anticomunista, Sobral Pinto. Seu desempenho, coragem e idealismo cimentaram uma saga que se foi tecendo, posteriormente, depois de 64, quando o causídico atuou como defensor de presos políticos.

Numa entrevista mais tarde ao "O Pasquim", Sobral Pinto revela que num dos inquéritos ao protestar contra os procedimentos ilegais e persecutórios que se sucediam, o oficial contestou: dizendo que assim funcionava a "democracia à brasileira". Sobral então encerrou a discussão com a legendária resposta: Eu conheço "peru à brasileira", eis que a democracia é universal.

Evidentemente, se trata de maximizar, filosoficamente, para o campo legal a conquista de que Direitos Humanos não podem se restringir nem individual, nem coletivamente, a qualquer juízo ou pretexto, são amplos e não podem depender da "autoridade" de quem quer que seja.

Vivemos, hoje, no Brasil um momento agudo, aliás fenômeno universal contemporâneo de radicalismos maniqueístas.

Esquerda versus Direita, feministas e machistas, homofilia e homofobia, evangélicos e católicos, lulistas e bolsonaristas, hidroxicloronistas e científicos, mascarados e desmascarados, racistas e revisionistas históricos, todo e qualquer tema de comportamento humano sujeito a disputas sanguinárias, de exclusão, cancelamento e até apologia à morte do inimigo.

Um país conglomerado de etnias, raízes culturais, afluentes imigratórias, diferenças econômicas e sociais dilacerantes, megalópoles e espaço caipira do passado, o Sertão e o mar, miséria e riqueza, demanda um aprendizado humilde e tolerante daquele diálogo transcendente que é o legado da Grécia, na assembleia da cidadania.

A convivência das realidades que se diversificam para assegurar a própria Unidade Nacional.

E quando se concebe acima das disputas rasteiras, vinganças. Interesses paroquiais a paisagem coletiva de Pátria, surge como elemento de substância a instituição que, por dever de ofício, ordem constitucional e mais, muito mais, por sua realidade existencial, neste papel, o Exército.

Pretender que milhares de oficiais, sargentos, estudados e formados para servir ao Brasil, sejam excluídos de qualquer missão, em qualquer circunstância, é um preconceito incabível.

O Exército brasileiro nas últimas décadas demonstrou seu respeito aos princípios democráticos, sob governos das mais diversas orientações ideológicas.

Quem num momento trágico de pandemia com a morte de milhares de pessoas, a nação se sinta numa "guerra de trincheiras" em que é vítima indefesa se convoque e mobilize está "intelligentsia" e "mão de obra" para participar do combate e salvar vidas, é tarefa hercúlea que dignifica nossa História e lembra o momento em que a F.E.B. após lutar contra o Eixo nazista, na Itália, retorna e com o espirito cosmopolita dos Aliados ajuda no clima que derruba a ditadura de Vargas.

Democracia é compartilhamento, na vitória e na derrota, e fardados ou juristas cumpre o destino de não fragmentar o povo na atitude aristocrática de imaginar o Exército uma "guarda pretoriana". Não.

Todos iguais no dever de cidadania, prevalecendo a Vida contra a Morte.

Blog do Fausto Macedo. *O Estado de S. Paulo*, 16 de julho de 2020.

WEINTRAUB NÃO REPRESENTA O POVO DO LIVRO

Reza a Constituição Federal a laicidade do Estado brasileiro. Esta tem sido uma das conquistas mais importantes do espírito democrático e republicano de nossa sociedade, superando as influências religiosas que sempre implicaram situações opressivas, estimulando conflitos de toda ordem.

Na realidade, o que se observa é a permanência de grupos sectários de várias tendências ideológicas pretendendo usar a cultura de acento místico brasileiro em favor de suas pretensões. Historicamente, vimos esses processos, por exemplo, com o desempenho da Liga Eleitoral Católica, seguida pela chamada Teologia da Libertação no catolicismo. E, mais recentemente, o crescimento vertiginoso da força do proselitismo de movimentos evangélicos, agrupando-se até em siglas partidárias.

Na última eleição —inclusive por influência da repercussão em nossa política exterior, que na era Lula se inclinou em favor da Palestina e contra Israel, a ponto de o então presidente ter se recusado a visitar o túmulo do criador do sionismo, Theodor Herzl, de maneira quase folclórica—, a questão da transferência da embaixada em Israel de Tel Aviv para Jerusalém se transformou em ponto de conflito entre as candidaturas de Fernando Haddad (PT) e de Jair Messias (que o nome signifique) Bolsonaro (PSL). Houve, ainda, o circo Ciro Gomes (PDT), agitando fantasmas dos "sionistas" que financiaram Bolsonaro, Padim Cícero e a guerra santa dos palavrões.

Tudo isso sob a influência da eleição de Trump nos EUA, fortemente aliado a Netanyahu, ambos com pragmática filosofia conservadora, emprestando um caráter maniqueísta às disputas eleitorais, o que reverberou em nosso país.

Nos comícios de Bolsonaro frequentemente surgem bandeiras de Israel, e o imaginário de segurança do Mossad alimentou as ansiedades de segmentos de nossa população em relação ao crime.

Em contrapartida, bandeiras da Palestina substituíam demandas sensatas nos comícios do PT, em que se discutia a Faixa de Gaza com a paixão perdida pelos escândalos de corrupção, que levaram tantos de seus líderes à cadeia.

Agora, um hiato sociológico: entre as duas guerras mundiais, no leste europeu, principalmente na Polônia, os judeus acertaram com os governos uma forma constitucional de autonomia política, a Kehilá, erguida sobre as chamadas comunidades em que funcionava uma espécie de poder político-teológico com grau de estrutura independente. Estas comunidades tinham seus representantes e, muitas vezes, de forma confusa, o judeu "meio cidadão" (sic) se fazia representar no Parlamento e nos demais poderes enquanto tal.

No Brasil, coincidentemente no mesmo período, imitações toscas do modelo se repetiram. Na ditadura de Vargas e, posteriormente, organismos se criaram com a intenção justa de defesa contra o antissemitismo, mas, às vezes, dando ensejo a confusões capazes de alimentar o próprio preconceito em cima de ignorância e superstições. As grotescas manifestações de "o Brasil recebeu de braços abertos os judeus" e "vocês são muito bem-vindos" são expurgos de uma concepção discriminatória com a fantasia da benevolência.

Tudo para culminar no caricato comportamento do atual ministro da Educação, Abraham Weintraub, que, segundo o presidente Jair Bolsonaro, foi "escolhido na comunidade israelita". É o "Samba do Crioulo Doido", de Stanislaw Ponte Preta, ou "Hava Naguila" —maluco de uma farsa a ser desmontada.

Nenhuma comunidade israelita escolheu o sr. Weintraub —nem poderia fazê-lo, se existisse como tal. Finalmente, e principalmente se há alguma característica singular ou consenso sobre judaísmo como Povo do Livro, o sr. Weintraub, que confunde o escritor judeu Franz Kafka com a saborosa cafta da culinária árabe, jamais seria uma representação, com suas esdrúxulas e arrogantes posturas anti-intelectuais.

Que este episódio bizarro e triste nos ensine uma lição: todos os brasileiros, sem exceção, umbandistas ou evangélicos, judeus ou ateus, brancos ou negros, homossexuais ou heterossexuais, não constituem grupos isolados de interesses conflitantes em relação à pátria. Portanto, "quem pariu Mateus que o embale".

Folha de S. Paulo, 21 de junho de 2019

A MISSÃO DO "TURCO" É AJUDANDO, PROMOVER A PAZ

No folclore brasileiro, principalmente, entre os pobres o imigrante sírio-libanês sempre foi identificado como o "mascate", o prestamista, o facilitador à crédito da dívida, o simpático "turco da prestação".

Jorge Amado eternizou este personagem que habita as fabulas de nossa imaginação, o sedutor, fala mansa, gente boa que vende à fiado, religiosa, ora, pois Temer vai enfrentar este "papel" no sociodrama, despido das encrencas de sua trajetória ou dos contratempos que a realidade impõe.

No jeitinho surreal de nossa linguagem fica como "turco" o que do Oriente Médio, trouxe a nostalgia e a fidalguia da ternura.

Acompanhei do começo ao fim a viagem de Michel Temer, professor de Direito Constitucional para uma palestra que dadas as circunstâncias políticas e mesmo jurídicas, se apresentou como um exercício dialógico democrático, realizada em Oxford na Inglaterra a convite da Oxford Union, célebre por ter sido palco entre outros de pronunciamentos de Winston Churchill e Martin Luther King.

Foram dias intensos de reflexões e contatos que me possibilitaram, independentemente, de qualquer juízo partidário, testemunhar seu caráter de tom conciliatório e viés harmônico.

Agora a tragédia da explosão ocorrida no porto de Beirute, agudizando a crise econômica e social do país, já assolado pelos efeitos da pandemia, joga numa extraordinária cartada do destino nas mãos do poeta de Tatuí a responsabilidade de representar a solidariedade brasileira na triste configuração.

Convidado pelo presidente Bolsonaro, naturalmente, Temer não pode se limitar a chefiar uma missão por si só já tão generosa e humanitária de socorro material, a nível de emergência.

O Brasil na formação de nossa identidade nacional sempre contou com uma imigração de centenas de milhares de libaneses que com seus filhos e netos, incluindo a própria família de Temer, é, reconhecidamente, uma das comunidades mais bem integradas e sofisticadas do Brasil.

Neste e em muitos aspectos essa missão de solidariedade é mais uma dádiva fraterna e afetiva do que, meramente, ato político ou de interesse geoestratégico.

Na ancestralidade do seu psiquismo Temer vai como outro que em outro momento em outras realidades foi capaz de tocar a profunda sensibilidade libanesa e unir o país no pranto e na esperança: me refiro à um poeta que aliás influenciou alguns de nossos melhores escritores, Khalil Gibran, que ao pedir para ser enterrado no seu país natal emocionou todo mundo.

A tarefa é complexa, o desafio é imenso mas cabe a cada um de nós, de todas as origens, nesta terra de miscigenação, torcer no sentido de que a missão brasileira seja capaz de um milagre a mais, a pacificação dos conflitos que dilaceram o Líbano.

Numa crise planetária de dor e sofrimento que já custou ao Brasil mais de 100.000 mortos, uma guerra sem fronteiras, em que a covardia da natureza e o desencontro das inteligências se somam, eis uma oportunidade exemplar que cicatrize as memorias do horror.

O mapa mundi hoje está manchado de sangue, que seja irrigado na compaixão pela alteridade, o encontro no Outro do nosso próximo.

Folha de S. Paulo, 16 de agosto de 2020

A ÉTICA MÉDICA E A DESCRIMINAÇÃO CONTRA O IDOSO

Segundo um vídeo exibido na internet o atual ministro da saúde Dr. Nelson Teich teria declarado, anos atrás a preferência de investimento na escolha de tratamento de um jovem em detrimento de um idoso. O Dr. Teich monetiza vidas humanas?

Ao assumindo o ministério houve por bem afirmar que a referida tese foi citada fora de contextualização.

Acontece que dada a gravidade do conceito, claramente, eugenista nenhum contexto de nenhuma natureza alivia suas implicações.

No dramático momento em que as autoridades afirmam a lotação dos leitos nas UTIs de todo o país o que pode demandar uma "escolha de Sofia" de quem irá viver ou morrer não se trata de mera polêmica teórica.

Assim sendo cabem algumas considerações urgentes:

Sabemos que o indivíduo na faixa etária da terceira idade enfrenta o medo da morte como uma realidade na probabilística que causa sofrimento. Em plena pandemia, um Ministro da Saúde que esposa a retro-referida filosofia causa pânico justificável nos acometidos pela Covid-19 com mais de 60 anos.

Sob o ponto de vista moral é justo infligir esta dor à uma parcela da população já vulnerável e fragilizada? Vejamos o que reza o juramento de Hipócrates "Ninguém darei por comprazer, nem remédio mortal nem um conselho que induza a perda" que o médico brasileiro promete honrar.

E acrescentamos tendo em vista a religião judaica do Dr. Nelson Teich o "Juramento de Maimônides" que o médico judeu deve honrar "que eu nunca veja no paciente nada mais do que um semelhante em sofrimento".

Podemos abordar ainda a Constituição Federal em seus preceitos fundamentais de acesso à saúde para todos sem descriminação corroborando com a Declaração Universal dos Direitos Humanos, nossas leis especiais como o estatuto do idoso, e o próprio código de ética medico que elenca de forma explícita " Capitulo 1 - 1- A Medicina é uma profissão a serviço da saúde do ser humano e da coletividade e será exercida sem discriminação de nenhuma natureza".

No meu parecer chegou a hora do Presidente Bolsonaro exigir uma afirmação de compromisso que enterre, esta a expressão enterre, a malsinada ideia discriminatória do isolamento vertical, que inclusive o inabilitaria de suas funções do exercício fático da Presidência da República por sua idade, 65 anos, assim como atingiria também o seu vice-presidente), juntamente, com esta postura do seu Ministro como critério para quem deve ser socorrido ou morrer.

Fecho com a citação do 5º mandamento das Tábuas da Lei "Honrarás teu pai e tua mãe, para se prolonguem teus dias sobre a terra".

Ora a própria promessa de longa vida implica que os filhos honrem no sentido amplo de contrato o dever, a devoção geracional do jovem em relação ao velho.

Jornal *GGN*, 20 de abril de 2020

GUARDA COMPARTILHADA E SEUS DESDOBRAMENTOS

A partir da metade do século XX, a influência estatal torna-se uma tendência crescente. Isso significa que a participação do Estado na vida e relações civis aumenta, buscando sempre diretrizes formuladas a partir de justiça e solidariedade social. Essa atuação do Estado é particularmente importante e clara na esfera familiar.

O processo de repersonalização, entendido como fenômeno social e jurídico, inaugura um alicerce comum à toda família: o afeto. Esse processo também traz consigo um esforço para despatrimonializar a família. Dessa forma, o centro das relações torna-se o vínculo interpessoal e não o vínculo patrimonial, agregando valor jurídico ao afeto.[1]

A Constituição Federal de 1988 é paradigmática para o Direito de Família, pois dá início a um novo entendimento da vida cívica e resguarda novos direitos subjetivos, atualmente fundamentais para a concepção de família. A CF/88 permite ampliação das proteções à família garantidas pelo estado e isso pode ser verificado no surgimento das leis nº 8.971/94 e 9.273/96, que normatizam elementos processuais, pessoais e patrimoniais relativos à união estável. Também a Lei nº 8.069/90, o Estatuto da Criança e do Adolescente (ECA), que normatiza a proteção à criança e ao adolescente.

A CF/88 dita, no art. 229, que os pais têm o dever de proteger e educar os filhos ainda na minoridade: "Os pais têm o dever de assistir, criar e educar os filhos menores, e os filhos maiores têm o dever de ajudar e amparar os pais na velhice, carência ou enfermidade". O artigo 21 do Estatuto da Criança e do Adolescente rege que "o pátrio poder será exercido, em igualdade de condições, pelo pai e pela mãe, na forma do que dispuser a legislação civil", e ainda rege que "a qualquer deles o direito de, em caso de discordância, recorrer à autoridade judiciária competente para a solução da divergência"

O novo Código Civil, de 2002, seguiu as tendências da Constituição Federal de 1988. O artigo 1.634 prevê: "compete a ambos os pais, qualquer que seja a sua situação conjugal, o pleno exercício do poder familiar, que consiste em, quanto aos filhos". O artigo 1.631, por sua vez, regula a competência parental "durante o casamento e a união estável, compete o poder familiar aos pais; na falta ou impedimento de um deles, o outro o exercerá com exclusividade". O Código Civil, portanto, regula em detalhes o que a CF/88 garantiu em linhas mais gerais.

A família hoje está completamente constitucionalizada, pois os preceitos jurídicos que legitimam a família a partir da Constituição Federal de 1988 são baseados numa concepção mais interpessoal e menos patrimonial. O afeto, portanto, é o alicerce da família e o Estado deve protegê-la mantendo esse vínculo como diretriz.

MODALIDADES DE GUARDA E A GUARDA COMPARTILHADA

O surgimento de novas estruturas familiares, baseadas no afeto, resultaram em configurações que, por vezes, resultam em litígios novos. Um desses litígios é a disputa pela guarda dos filhos.

No antigo modelo patriarcal, o papel de cuidar dos filhos cabia às mães, enquanto ao pai cabia sustentar a família materialmente. Essa divisão de papéis era legitimada por uma legislação da qual a CF/88 se contrapõe. Desmontar esse paradigma foi um progresso social saudável para as famílias e para os sujeitos que se viam presos nesse enquadre.

Na visão de Marilene Silveira Guimarães e Ana Cristina Silveira Guimarães:

"as crianças ganham com guarda compartilhada, pois, com isso, deixa de vigorar o modelo antigo de pai provedor e mãe cuidadora, com visitas rigidamente fixadas. [...] A nova configuração social de mudanças de papéis na família, com o pai se tornando mais participante na vida dos filhos, possibilita que, além de provedores, eles também desejem permanecer guardiões dos filhos quando a família se transforma pela separação".[2] "A figura de pai-de-fim-de-semana, vem dando lugar a pais mais interessados em acompanhar o dia-a-dia". A educação e o crescimento dos filhos, e assim buscando legitimar direitos e aplicar garantias."[3]

Nesse paradigma anterior, anterior, correlacionava-se a ideia de guarda à posse do menor. Justamente com o intuito de corrigir esse equívoco, o artigo 33, § 1º do ECA coloca que:

"A guarda obriga a prestação de assistência material, moral e educacional à criança ou adolescente, conferindo a seu detentor o direito de opor-se a terceiros, inclusive aos pais. § 1º A guarda destina-se a regularizar a posse de fato, podendo ser deferida, liminar ou incidentalmente, nos procedimentos de tutela e adoção, exceto no de adoção por estrangeiros."

Dessa maneira, o artigo garante os direitos subjetivos do menor, assim como reitera o princípio maior do ordenamento jurídico constitucional que é o princípio da dignidade humana.

Quando as novas famílias começam a reorganizar os papéis domésticos, ocorre uma ampliação da parentalidade, tornando o pai responsável também pelo desenvolvimento educacional de seu filho, assim como a mãe responsável também pela renda da casa. Até que essas mudanças acontecessem, qualquer rompimento conjugal deixava aquele que perdia o direito à guarda, numa posição de distanciamento.

Para contornar esse problema e possibilitar o exercício de uma parentalidade completa e bilateral, preservando o vínculo afetivo entre pais divorciados e filhos, algumas diretrizes foram estabelecidas no sentido de atender as requisições das crianças e dos genitores não guardiões.

Uma dessas diretrizes é a continuidade da convivência entre o responsável não guardião e o filho, uma vez que a convivência é necessária não apenas para garantir o laço afetivo, mas o apropriado desenvolvimento emocional e psicológico da criança.[4]

Contudo, um acordo proveniente dos pais nem sempre é possível, disso decorre a intervenção judicial. O acordo seria a solução mais adequada se considerarmos a esfera privada do casal, entretanto pode não corresponder à resolução que melhor representa os interesses dos filhos. Mas continua a ser a solução ideal, pois evita a interferência do Estado num conflito familiar.

A perspectiva de Grisard Filho[5], nos revela novas regras para o período pós-divórcio, em se tratando da guarda compartilhada. 1) Em casos de dissolução acordada do matrimônio, será avaliado o acordo das partes sobre a guarda dos menores, em concordância com o artigo 9º da Lei 11.441/07 e art. 731, inciso II, do Código de Processo Civil; 2) Em casos de dissolução não consensual da sociedade conjugal, algum dos encaminhamentos a seguir ocorre: i) Se os pais são capazes de entrarem em comum acordo somente sobre a guarda dos filhos, deverá ser analisado também o acordo, ainda que haja litígio e julgamento nos demais assuntos matrimoniais; ii) Sendo incapazes de chegar ao acordo sobre a guarda dos filhos, essa será dada à parte capaz de prover melhores condições de desenvolvimento para a criança, como assim regulamente o art. 1.548, caput, do Código Civil; iii) Se por ventura, nenhum dos pais apresentar condições para cuidar da criança, cabe ao juiz decidir à pessoa que se mostrar capaz, atendendo o requisito da proximidade do grau de parentesco e do vínculo afetivo, em conformidade com o art. 1.548.

Existe ainda uma alternativa ao juiz, prevista no art. 1.598 do Código Civil, que o empodera para decidir sem base nas regras expostas acima. O juiz pode, se for do seu entender, estabelecer a guarda de outra maneira, visando igualmente e somente o interesse do menor, em caso de acontecimentos graves.

O art. 1.598 do Código Civil de 2002, diga-se de passagem, atribui poderes ao juiz de afastar as regras citadas acima sobre a guarda, podendo estabelecer a guarda de modo diverso, visando sempre o bem dos filhos, na ocorrência de motivos graves.

Fica evidente com esse artigo, a necessidade de atender o interesse do menor em todos os casos. Não é possível sustentar soluções que não estão em conformidade com esse princípio e justamente por isso, o modelo de guarda compartilhada vem para substituir o modelo de guarda única. Dessa forma, está preservado o vínculo afetivo, trazendo vantagens à criança, pois assim ela continua a conviver de forma igualitária com seus pais, sem maiores diferenças da condição na qual ela se encontrava quando esses ainda viviam juntos.

Com a guarda compartilhada, os pais da criança continuam a dividir responsabilidade legal pelos filhos, logo dividem também as obrigações nas decisões que envolvam a criança. Dessa maneira, é possível que um dos genitores detenha a guarda física, material, sem que o outro seja excluído da guarda propriamente dita, pois ainda lhe cabe os direitos e deveres do poder familiar. Essa situação busca a colaboração parental e permite que o os pais mantenham suas posições relativas à educação, religiosidade e outros aspectos importantes da vida civil dos filhos.

A guarda é um instrumento complexo e configura-se num alto número de desdobramentos possíveis de acordo com os contextos. Em sua essência, a guarda pode ser entendida como uma composição de dois aspectos: o exercício físico e o jurídico. O primeiro é relativo ao convívio, logo o responsável de conviver com a criança. O segundo, por sua vez, corresponde ao responsável por prover o sustento da criança, sua educação, etc. [6]

Grisard Filho[7] entende que todas as composições possíveis de guarda estão alicerçadas nesses dois elementos. Contudo, distingue grupos amplos que enquadram as composições menores: a guarda comum, delegada; a guarda originária e derivada; a guarda de fato; a guarda provisória e definitiva, a guarda única e a guarda peculiar; a guarda por terceiros, instituições e para fins previdenciários; a guarda jurídica e material; a guarda alternada; e, finalmente, a guarda jurídica e material compartilhada ou conjunta.

A guarda comum é a guarda oriunda do matrimônio, enquanto a delegada é uma guarda exercida em nome do Estado sem que a pessoa retenha representação legal do menor. A guarda originária corresponde ao pátrio poder garantido aos pais, possibilitando-os cumprir suas funções parentais. A guarda derivada, por outro lado, está prevista nos artigos 1.729 a 1.734 do Código Civil, que deliberam sobre a tutela do menor.[8]

A guarda de fato, por sua vez, é configurada pela iniciativa de uma pessoa que tutela o menor, sem legitimidade legal ou judicial e, portanto, não adquire o direito de autoridade, somente as obrigações relativas à educação e manutenção. O modelo de guarda provisória ou temporária estabeleceu-se como solução provisória para processos de divórcio e outros, atribuindo a guarda do menor a um dos genitores provisoriamente.[9]

A guarda única é o modelo no qual apenas um dos genitores recebe a guarda. Essa não é definitiva, pois um juiz pode modificar se em concordância com os artigos 35 e 148 do ECA. A guarda por terceiros ou instituições é diferente, pois a primeira é cumprida por uma pessoa física, determinada prévia designação, enquanto a outra é cumprida por órgãos de proteção. A guarda para fins previdenciários torna o menor dependente para todas as finalidades e efeitos de direito.

A guarda jurídica é exercida à distância pelo pai não guardador, já a guarda material é equivalente à custódia, no sentido que é exercido o poder familiar de forma completa pelo genitor guardador. Enfim, tem-se a guarda compartilhada, composta também pela divisão material e jurídica, na qual os pais tem igual responsabilidade jurídica sobre o menor.[10]

A MEDIAÇÃO PARA SOLUÇÃO DE CONFLITOS E A GUARDA COMPARTILHADA

A mediação é um instrumento cada vez mais utilizado no mundo jurídico, tanto pela sobrecarga dos sistemas judiciários, quanto pela eficácia de solucionar problemas utilizando outros modelos que não os jurídicos-competitivos.

Questões relativas ao direito de família são especialmente adequadas para técnicas de mediação, uma vez que os problemas de relações interpessoais são, de forma recorrente, problemas comunicativos das partes. A mediação não deixa de ser desafiadora ao tentar auxiliar a guarda compartilhada. Nesse ponto, Rolf Hanssen Madaleno afirma que:

"a guarda compartilhada não é modalidade aberta ao processo litigioso de disputa da companhia física dos filhos, pois pressupõe para seu implemento, total e harmônico consenso dos pais. A guarda compartilhada exige dos genitores um juízo de ponderação, imbuídos da tarefa de priorizarem apenas os interesses de seus filhos comuns, e não o interesse egoísta dos pais. Deve ser tido como indissociável pré-requisito uma harmônica convivência dos genitores; como a de um casal que, embora tenha consolidado a perda de sua sintonia afetiva pelo desencanto da separação, não se desconectou da sua tarefa de inteira realização parental, empenhados em priorizarem a fundamental felicidade da prole."[11]

Apesar das mudanças no Direito brasileiro e o incentivo do uso de técnicas mediativas para soluções de conflitos civis, ainda há muito o que ser feito na questão da atribuição de guarda. Ainda que desafiadora, pois as condições de harmonia entre os cônjuges se configuram como importante obstáculo, é uma medida que de outra perspectiva visa garantir o interesse do menor. Ainda neste tema, Suzana Borges Viegas de Lima:

"É tempo de mudança no sistema de atribuição de guarda no direito brasileiro, quando a mediação se apresenta como um valioso instrumento para a implementação da guarda compartilhada, de maneira a inseri-la como mais uma alternativa na escolha da modalidade de guarda de filhos menores. Por meio dela, os genitores poderão buscar uma solução acerca da guarda dos filhos menores, até convergir para a fixação da guarda compartilhada, caso tal opção atenda ao seu melhor interesse."[12]

CONCLUSÃO

A família constitucional é hoje uma instituição flexibilizada pelo entendimento jurídico e social de que o afeto é o grande fator legitimante da família. As variadas estruturas de família não são um impedimento para realização de sua finalidade social e pessoal. Do Código Civil de 1916 até a Constituição Federal de 1988 e o novo Código Civil de 2002, grandes avanços no entendimento da família foram realizados e hoje ela é integralmente protegida pelo Estado brasileiro independente de sua estrutura.

A CF/88 também colocou novas diretrizes para o Direito Civil ao tratar especialmente da criança e do adolescente com a criação do ECA, garantindo uma igualdade de direitos para todos os membros da família e desconstruindo o paradigma familiar anterior, que estava alicerçado em noções de posse e de verticalização. Portanto, a guarda tornou-se um elemento mais discutido e plural, uma vez que as configurações familiares contemporâneas construíram situações novas e juridicamente amparadas.

A mediação insere-se nesse novo cenário como uma técnica mais adequada e necessária para, em concordância com as tendências do direito contemporâneo, tentar garantir o interesse do menor e lidar diretamente com a questão entendida pela CF/88 como fundamental, o afeto. A mediação ganha espaço de atuação ao focalizar seu trabalho nas relações interpessoais e no caso da guarda compartilhada, pode auxiliar na compreensão dos genitores de sua função parental, que não deixa termina no divórcio e, para o bem-estar dos filhos, não deveria ser transformada radicalmente pela separação.

As novas perspectivas do Direito de Família, em acordo com o texto constitucional, revelam um direito caminhando para uma direção mais interdisciplinar e humana, ao compreender que a extensão dos fenômenos jurídicos amplia-se ao abarcar as relações interpessoais. A guarda compartilhada é um tema contemporâneo chave dessa interlocução do Direito com outras áreas, assim como um tópico relativamente novo a ser explorado por esse Direito contemporâneo.

REFERÊNCIAS

GRISARD FILHO, Waldyr. Guarda compartilhada: um novo modelo de responsabilidade parental. 3. ed. rev., atual. e ampl. São Paulo: Revista dos Tribunais, 2005.

GUIMARÃES, M. S. ; GUIMARÃES, A.C.S. Guarda. Um olhar interdisciplinar sobre casos jurídicos complexos, p. 456 "In" CALTRO, A.C.M. e colaboradores. Aspectos psicológicos da atividade jurídica. Campinas: Editora Millennium, 2002.

LEIRIA, Maria Lucia Luz. Guarda compartilhada: a difícil passagem da teoria à prática. Revista da AJURIS, Porto Alegre, v. 26, n. 78, p. 217-229, jun. 2000.

LIMA, Suzana Borges Viegas de. Guarda compartilhada: efetivação dos princípios constitucionais da convivência familiar e do melhor interesse da criança e do adolescente. 2007. 178 f. Dissertação (Mestrado em Direito)-Universidade de Brasília, Brasília, 2007. p. 134

LÔBO, Paulo Luiz Netto.Princípio jurídico da afetividade na filiação.In: Rodrigo da Cunha Pereira (Coord.). A família na travessia do milênio. Belo Horizonte: Del Rey, 2000, p. 249.

MADALENO, Rolf Hanssen: "A guarda compartilhada pela ótica dos direitos fundamentais", publicado em "Direitos Fundamentais do Direito de Família", Editora Livraria do Advogado, Porto Alegre, 2004, p.354.

MOTIA, MAP. Guarda compartilhada. Novas soluções para novos tempos. "In" Direito de família e ciências humanas. São Paulo: Editora Jurídica Brasileira: 2000. p. 79.

SILVA, E.Z.M. A Paternidade ativa na separação conjugal. Dissertação de Mestrado em Psicologia/Social – PUC – SP, citado em artigo da mesma autora intitulado "O pai frente à separação conjugal" do 111 Congresso Ibero-Americano de Psicologia Jurídica. 2000. São Paulo. Associação Brasileira de psicologia Jurídica. Universidade Presbiteriana Mackenzie, p. 145.

NOTAS:

[1] LÔBO, Paulo Luiz Netto.Princípio jurídico da afetividade na filiação.In: Rodrigo da Cunha Pereira (Coord.). A família na travessia do milênio. Belo Horizonte: Del Rey, 2000, p. 249.

[2] GUIMARÃES, M. S. ; GUIMARÃES, A.C.S. Guarda. Um olhar interdisciplinar sobre casos jurídicos complexos, p. 456 «In» CALTRO, A.C.M. e colaboradores. Aspectos psicológicos da atividade jurídica. Campinas: Editora Millennium, 2002.

[3] SILVA, E.Z.M. A Paternidade ativa na separação conjugal. Dissertação de Mestrado em Psicologia/Social – PUC – SP, citado em artigo da mesma autora intitulado «O pai frente à separação conjugal» do 111 Congresso Ibero-Americano de Psicologia Jurídica. 2000. São Paulo. Associação Brasileira de psicologia Jurídica. Universidade Presbiteriana Mackenzie, p. 145.

[4] MOTIA, MAP. Guarda compartilhada. Novas soluções para novos tempos. «In» Direito de família e ciências humanas. São Paulo: Editora Jurídica Brasileira: 2000. p. 79.

[5] GRISARD FILHO, Waldyr. Guarda Compartilhada: um novo modelo de responsabilidade parental. 3. ed. São Paulo: Revista dos Tribunais, 2005.

[6] LEIRIA, Maria Lucia Luz. Guarda compartilhada: a difícil passagem da teoria à prática. Revista da AJURIS, Porto Alegre, v. 26, n. 78, p. 217-229, jun. 2000.

[7] GRISARD FILHO, Waldyr. Guarda compartilhada: um novo modelo de responsabilidade parental. 3. ed. rev., atual. e ampl. São Paulo: Revista dos Tribunais, 2005.

[8] ibidem, p. 80-81.

[9] Ibidem, p. 85-86.

[10] Idem.

[11]MADALENO, Rolf Hanssen: "A guarda compartilhada pela ótica dos direitos fundamentais", publicado em "Direitos Fundamentais do Direito de Família", Editora Livraria do Advogado, Porto Alegre, 2004, p.354.

[12] LIMA, Suzana Borges Viegas de. Guarda compartilhada: efetivação dos princípios constitucionais da convivência familiar e do melhor interesse da criança e do adolescente. 2007. 178 f. Dissertação (Mestrado em Direito)-Universidade de Brasília, Brasília, 2007. p. 134

Âmbito Jurídico, 01 de junho de 2016

NA PANDEMIA, A MISOGINIA QUE MATA

Dados estatísticos significativos registram que durante esta pandemia o feminicídio se caracteriza o primitivismo selvagem da sociedade brasileira, fruto da tradição escravocrata e do colonialismo para quem acompanha o fenômeno do crime, particularmente, do homicídio no Brasil.

Senão, vejamos;

De imediato se partimos do pressuposto que o crime é, por excelência, um fato social, a banalidade do Mal à que se refere Hanna Arendt, desnuda um comportamento que se origina na coisificação da mulher em nosso país.

A linguagem é, altamente, reveladora, um sorriso sempre sádico, entre grupos que se consideram machos, numa virilidade tortuosa e um desejo que na ambivalência tem o toque de necrofilia e o traço do erotismo mórbido.

"Matadouro", "trepar", "comer", é vasta a ordem verbal para afirmar uma pretensa superioridade que se ancora na força física, condições de riqueza e "status" social, e tantas outras, mas todas, com raízes profundas numa religiosidade tosca (Eva e a serpente que conduz Adão ao pecado), Lilith, as bruxas, a suspeita do adultério e a maternidade, enfim os descaminhos que o Complexo de Édipo freudiano e a belicosidade como valor heroico de consagração do poder pelo homem.

Se a abertura do mercado de trabalho após a 2ª. Guerra Mundial para a mulher os movimentos feministas abriram espaços de autonomia feminina em nosso país, de outro lado e é isto que se precisa denunciar na marginalidade criminosa do estupro, assassinato, crueldade cotidiana no âmbito familiar, no legado de pais para filhos, a quarentena obrigatória, o confinamento domiciliar elevou o nível da posse e da brutalidade à uma dominância que mostrou o abismo ou o dique que separa um autêntico convívio de respeito e igualdade entre o homem e a mulher na nossa sociedade.

Juridicamente, estamos com base ética ordenada pela Lei 13.104, de 9 de março de 2015, que alterou o art. 121 do Decreto-Lei 2.848, de 7 de dezembro de 1940 – Código Penal, para prever o feminicídio como circunstância qualificadora do crime de homicídio, e o art. 1º da Lei 8.072, de 25 de julho de 1990, para incluir o feminicídio no rol dos crimes hediondos.

Mas na prática o sistema policial e o Poder Judiciário não dão conta das demandas que a covardia e a crueldade provocam.

Urge uma transformação radical não só punitiva, mas educacional capaz de inverter as práticas impondo valores humanistas que destravam o consenso de tolerância em relação a este crime o Ser que é a exploração da mulher no sexo, trabalho, maternidade, no espectro da coexistência ou a falência moral do Estado democrático de Direito.

Com *Maria Paula Fidalgo*, psicanalista e mestre em Psicologia
Correio Braziliense, 13 de setembro de 2020

O SAGRADO E O PROFANO NO STF

"O Brasil não é para principiantes" parece que o folclore imita a percepção sensível de que nos entende não de cátedra privilegiada em Paris, mas do ruído carnal das ruas que palpitam numa potência complexa, dum cosmopolitismo colorido que vai da tradição à revolução, num salto qualitativo.

Eis que temos numa coincidência significativa na presidência do Supremo Tribunal Federal, um jurista carioca despachando capaz duma frase provocativa que intriga e perturba, "mato no peito", de religião judaica, Luiz Fux, filho de Mendel Wolf Fux e Lucy Luchnisky Fux, judeus de origem romena, exilados pela Segunda Guerra Mundial, que termina seu discurso de posse numa afirmação mística, em hebraico "Baruch haschem", como jamais se fez depois da queda do templo de Jerusalém e no Senado, outro judeu praticante, Davi Alcolumbre, descendente de marroquinos.

Se isto reflete um caleidoscópio gênero de filme à Hollywood, podemos apimentar com o presidente da República, católico, achegado ao poderoso movimento evangélico que pleiteia para o retro referido STF um fiel "bíblia", como o eleitorado apelida os praticantes do protestantismo nas vertentes de toda natureza que se espalham pelas periferias das megalópoles brasileiras anunciando um conservadorismo como resistência ao tráfico e ao crime organizado.

Religião, ideologia, politica, ascetismo, puritanismo, corrupção, bandidagem, enfim a "sociedade líquida", instruída por Zygmunt Bauman, tendo como pano de fundo a trilha sonora de Fagner e um cantor a gênero gospel entoando música-oração em hebraico.

Num salto cronológico de poucos anos quando o presidente Lula visitou o Estado de Israel se recusou a reverenciar a memória do idealizador sionista Theodor Herzl cometendo uma gafe diplomática de caráter preconceituosa que transbordava de uma política maniqueísta do Itamaraty preso a dogmas que a queda de Muro de Berlim já havia enterrado.

Certamente, este é um Brasil que o mundo vai aprender a ouvir, respeitar, dialogar, sem o eurocentrismo hipócrita dum continente que pretende ditar ao mundo seus valores encerrados nos caixões de guerras e destruições em nome de civilização, cultura, superioridade desmoralizada.

Pois enfim é disto que se trata, à moda caipira, rústica, corajosa, genuína, singular, mas poderosa, o que surge é o desenho de novas configurações que fogem aos modelos engessados dos "sepulcros caiados de branco".

Esta é a resposta nacionalista, mas não chauvinista à bipolaridade que racha a identidade dos povos: judeus, cristãos, mulçumanos, candomblé, umbanda, quimbanda, LGBT, negros, brancos, amarelos, verdes, tudo junto e misturado, um Brasil que se descobre e se desnuda, sem discriminação, e assim um Estado laico, com a sacralidade profana do "humano, excessivamente, humano".

Blog do Fausto Macedo. *O Estado de S. Paulo*, 19 de setembro de 2020

NOVAS PERSPECTIVAS DE FAMÍLIA NO DIREITO CIVIL: ENTENDIMENTO JURÍDICO DAS TRANSFORMAÇÕES SOCIAIS

Entender a família juridicamente transcende o entendimento das normas que regulam a família. O Direito, no seu escopo mais amplo, requer a constante revisão e atualização social, uma vez que é ferramenta transformadora, mas também uma ferramenta sujeita às transformações.

As transformações da moral dentro de um sistema de direito positivo desafiam o próprio sistema a abarcá-la de forma compatível com o passado e com um projeto de futuro. O Direito é um sistema tão diacrônico quanto sincrônico, sendo este último aspecto, fundamental para trabalhar com os movimentos histórico-jurídicos em correlação com os movimentos histórico-sociais. Estudar a família, a instituição mais primordial da vida civil, requer um entendimento amplo do próprio estudo do Direito.

O Direito, sob a ótica das transformações familiares, não pode ater-se à norma somente. A norma só tem sentido de existir quando pensada conjuntamente com sua *finalidade*; regular o comportamento humano. Contudo, uma característica da norma tão importante quanto à *finalidade*, é o *sentido*. Esse, por sua vez, faz a conexão entre a norma e a moral vigente. Como ensina a boa doutrina de Tercio Sampaio Ferraz Jr.:

"Contudo, como nota H. Arendt (1981:167), o sentido das coisas não se reduz àquilo para que elas servem ou, por exemplo, o sentido do trabalho de um carpinteiro não se reduz aos utensílios, nem mesmo à finalidade dos utensílios que ele produz. Por isso, é possível que, muito embora a carpintaria continue a ter uma finalidade, o trabalho do carpinteiro venha a perder o sentido. Sentido, assim, tem relação com a valia das coisas, com sua dignidade intrínseca. (..) A perda do sentido afeta, porém, a orientação do homem".[1]

A família enquanto fenômeno social, teve seu sentido radicalmente transformado, obrigando os operadores do Direito a revisá-la enquanto fenômeno jurídico. As finalidades da família não mudaram, mesmo em suas novas configurações, mas o *sentido* alterou-se profundamente.

O SER HUMANO É GREGÁRIO

Dizer que o ser humano é um ser gregário ou um ser social, é o ponto de partida para qualquer abordagem do estudo do Direito Civil. Maria Helena Diniz define: *"O ser humano é um ser gregário por natureza, é um ser eminentemente social, não só pelo instinto sociável, mas também por força de sua inteligência"*.[2]

O homem nasce gregário e, no mundo atual, nasce em uma família. O contato inicial de qualquer ser humano no mundo moderno é com a família, ainda que não seja a biológica. Não é concebível biologicamente que um ser humano nasça e desenvolva-se sem cuidados de um outro ser humano, sem um vínculo afetivo que configura um primeiro lugar no qual denomina-se família.

Utilizando-se ainda da doutrina de Maria Helena Diniz, a definição de fato jurídico "stricto sensu" é: "o acontecimento independente da vontade humana que produz efeitos jurídicos, criando, modificando ou extinguindo direitos".[3]

Portanto, nascer numa família, qualquer que seja sua configuração, é um fato jurídico. O sentido desse fato, como exposto acima, tem relação com a valia das coisas e também com a sua dignidade intrínseca.

O CÓDIGO CIVIL DE 1916

Essa dignidade, contudo, nem sempre foi reconhecida, uma vez que o sentido de família era outro, justamente porque a moral vigente, há exatos um século atrás, também diferia da atual.

No Código Civil Brasileiro de 1916, a *família patriarcal* era o modelo hegemônico e o casamento civil era o ato cívico que a instituía e a legitimava. Dentro do modelo patriarcal, existia uma hierarquia rígida, na qual o homem encontrava-se na posição de chefe da sociedade conjugal e representante legal da família, e a mulher, em contraste com seu companheiro, era tida como relativamente incapaz e, portanto, reconhecia em seu cônjuge a potencialidade que lhe faltava para exercer os atos da vida civil. Os filhos eram legitimados pelo vínculo matrimonial, portanto os ilegítimos ficavam a margem da égide legal, ainda que não houvesse obstáculo para o matrimônio dos pais.[4]

Essa concepção moral e jurídica foi formulada pelo autor do Código, Clóvis Beviláqua, que associava a moralidade da época com a conceituação de família e entendia que:

"o complexo de normas que regulam a celebração do casamento, sua validade e efeitos dela resultantes, as relações sociais e econômicas da sociedade conjugal, a dissolução desta, a relação entre pais e filhos, o vínculo de parentesco e os institutos complementares da tutela e da curatela, sendo imprescindíveis para a existência do ato: a dualidade de sexos, a celebração na forma da lei e o consentimento válido."[5]

Todas essas preconcepções do autor estão presentes no Código Civil de 1916. Aspectos intensamente discutidos na sociedade atual, como por exemplo, o entendimento da família enquanto um laço sedimentado exclusivamente pelo matrimônio, ou a necessidade do reconhecimento da dualidade dos sexos, estão previstas no Código como verdades, algo que para a sociedade contemporânea não pode ser tido como algo além de um conjunto de pressuposições morais e, de certa maneira, identificado como retrógrado aos olhos das novas transformações sociais.

As transformações sociais levantaram questionamentos acerca do papel da mulher, da heteronormatividade e própria instituição do casamento. Essas discussões sociais advindas de movimentos progressistas e de um longo esforço político para que tais pautas fossem amplamente discutidas, repercutiram no Direito positivo brasileiro inicialmente com a Lei nº 4.121 de 1962, conhecida como Estatuto da Mulher Casada.

Essa lei possibilitou a emancipação da mulher de sua condição anterior, pois possibilitava-a tornar-se economicamente ativa independentemente de seu cônjuge. Também na mesma lei estava, a mulher obtinha o direito subjetivo sobre os filhos e podendo, eventualmente, exigir a guarda deles em caso de separação.

A Lei nº 6.515, aprovada em 26 de dezembro de 1977, conhecida como Lei do Divórcio, decretou o fim do casamento como uma instituição juridicamente indissolúvel. As pessoas tornaram-se capazes de reorganizarem-se em novas relações e superar, não apenas judicialmente, seu casamento quando esse não correspondia mais ao que se propôs inicialmente. Vale a ressalva que o decreto nº 6.515 não alterou os direitos e deveres dos pais para com seus filhos.

A CONSTITUIÇÃO FEDERAL DE 1988

A Constituição Federal de 1988 é um marco histórico e jurídico, pois ainda que ratifique com atraso certas práticas sociais, não deixa de servir como orientação e diretrizes para todo o campo jurídico tratar de assuntos sociais, especialmente estes assuntos que atravessam períodos de grande transformação social. A Constituição avançou não apenas na garantia de direitos individuais e liberdades públicas, mas estabeleceu diretrizes para a família contemporânea, destituindo a antiga estrutura de sua posição juridicamente hegemônica e privilegiada.

A Carta Magna tem como fundamento e princípio, a dignidade da pessoa humana. Essa aparece explicitada e resguardada pelo art. 1, inciso III. Nas palavras de Paulo Lôbo, também o princípio da solidariedade é fundamental, enquanto direitos como igualdade, afetividade e liberdade, são princípios gerais. Paulo Lôbo afirma: "Viola o princípio da dignidade da pessoa humana todo ato, conduta ou atitude que coisifique a pessoa, ou seja, que a equipare a uma coisa disponível ou a um objeto".[6]

Portanto, a noção de posse e de hierarquia rígida da família, tendo o patriarca como chefe da estrutura familiar, está dissolvida em novos princípios que devem ser respeitados e que flexibilizam, juridicamente, a família contemporânea.

A Carta Magna abarcou formas novas de família, estabelecendo que união estável ou laço composto por algum dos pais e seus descendentes (monoparental) constitui uma família. A importância jurídica desse reconhecimento jurídico está resguardada pelo art. 226, pois esse afirma que: "a família, base da sociedade, tem especial proteção do Estado"

O art. 227 da CF/88 trata de outro ponto fundamental da vivência familiar, pois abrange os direitos das crianças e adolescentes, instituindo, no parágrafo 6º por exemplo, a igualdade dos filhos, incluindo os casos de adoção, e impedindo assim a discriminação relativa à origem da criança ou adolescente. O surgimento das leis especiais também impactou o Direito de Família, pois com a CF/88 elabora-se dois anos depois o Estatuto da Criança e do Adolescente (ECA, Lei nº 8.069/90), que fez o Direito de Família e a área infanto-juvenil avançarem ao alterar a antiga doutrina, denominada Doutrina da Situação Irregular, contida no Código de Menores de 1979, para a nova e paradigmática Doutrina da Proteção Integral, reconhecendo o estado desenvolvimental do menor e atribuindo-lhe direitos antes não reconhecidos.[7]

A partir de então, surge um novo enquadre para o Direito de Família e para o Direito Civil como um todo. Para Maria Berenice Dias: "Surgiu um novo nome para essa nova tendência de identificar a família pelo seu envolvimento afetivo: família eudemonista, que busca a felicidade individual vivendo processo de emancipação de seus membros"[8].

Portanto, a partir de 1988 e depois, em 2002, com o novo Código Civil, a ciência do Direito recebe o desafio e a tarefa de debruçar-se sobre as novas configurações familiares, nas quais seus membros são sujeitos de direitos e suas estruturas, flexíveis e heterogênicas, requerem do Estado e do Direito uma abordagem diferenciada.

NOVAS CONFIGURAÇÕES FAMILIARES

Maria Helena Diniz oferece-nos uma ampla conceituação de família, balizada em três relações diferentes: o matrimônio, o companheirismo e a adoção. As famílias apresentam, ainda em sua visão, alguns pontos essenciais que as configuram, tendo elas como vínculos fundamentais; o biológico, que define o agrupamento mais antigo a ser legitimado pelo Direito e continua a ser base jurídica das famílias; o psicológico, sendo este elemento impalpável, contudo indispensável; o econômico, que estabelece o vínculo da subsistência material cotidiana; o religioso, pois em cada família constitui-se uma moral que, em nossa sociedade, não está desvinculada da religião qualquer que seja e, ainda que o Direito seja laico, não é possível desassociar completamente esses elementos; o político, uma vez que é a instituição primordial de sustentação da sociedade e que dá origem ao Estado, na visão de Ihering; e o jurídico, já que as organizações normativas de cada núcleo familiar origina o direito de família.[9]

Contudo, existe uma dimensão que perpassa todas as concepções de família na contemporaneidade e que já está legitimada pela Constituição Federal de 1988: o afeto. Compreendemos a família atualmente, enquanto uma instituição jurídica, pela composição de sujeitos que se relacionam através do afeto. Esse pode estar representado por laços parentais ou conjugais e propicia ao indivíduo um lugar para cultivar sua personalidade e explorar seu potencial.

Nesse sentido, Oliveira afirma:

"A família transforma-se no sentido de que se acentuam as relações de sentimentos entre os membros do grupo: valorizam-se as funções afetivas da família, que se torna o refúgio privilegiado das pessoas contra a agitação da vida nas grandes cidades e das pressões econômicas e sociais. É o fenômeno social da família conjugal, ou nuclear ou de procriação, onde o que mais conta, portanto, é a intensidade das relações pessoais de seus membros"[10]

O afeto permitiu o surgimento da pluralidade de estruturas familiares ao enfraquecer, com auxílio do princípio constitucional da dignidade humana, a hierarquia tradicional. Dessa maneira, revelaram-se novas organizações familiares:

Família monoparental: essa estrutura é abarcada pela Constituição de 1988 e reconhecida juridicamente. Na prática, essa família tem sua origem em diversas causas hipotéticas e é definida de forma clara pela sua denominação, pois é uma família na qual apenas uma pessoa exerce a função parental. Uma questão importante a ser ressaltada na estrutura monoparental está na tendência desta família tornar-se uma *família reconstituída*.

Família reconstituída: no caso, uma *família reconstituída* é uma família que, após um rompimento por quaisquer motivos, reconstitui-se ao ter o lugar anteriormente vago, portanto configurando uma *família monoparental*, preenchido por alguém ou pela mesma pessoa. Portanto, a *família reconstituída* é justamente a tendência natural da monoparentalidade, uma vez que as pessoas estão inclinadas, após um tempo, a voltar a se relacionar e buscar um novo laço que preencha o espaço aberto pelo último.

Família homoafetiva: a família composta por duas pessoas do mesmo sexo é uma realidade, sendo contemplada juridicamente com a união estável. Contudo, é notável a lacuna jurídica constitucional acerca do tema. Pelos princípios elencados na Constituição Federal de 1988, é possível enquadrar e validar a família homoafetiva juridicamente, pois com decisões do STF sobre a união estável, o status de família tornou-se legítimo.

Família matrimonial: entendida como a família tradicional, prevista no antigo Código Civil. Ainda que não seja nova, a *família matrimonial* não necessariamente corresponde ao modelo clássico, antigamente considerado hegemônico e correto, mas sim ao modelo de *família nuclear*. As funções estão reorganizadas em torno do afeto e existe uma autonomia e dignidade garantidas pela constituição, o que a assemelha com a *família reconstituída*, mas precede a ruptura e a estrutura monoparental.

CONCLUSÃO

As transformações sociais não são produto direto do Direito, mas esse também não o é dessas. O processo histórico que conduz a nossa sociedade ao ponto em que estamos e que continua a conduzir-nos para um futuro específico, é uma construção da qual a Família e o Direito fazem parte enquanto instituições ativas no processo. O fenômeno transformado não é exclusivamente jurídico e nem exclusivamente social, pois é somente um fenômeno, sendo adjetivado na medida em que determinadas ciências debruçam-se sobre ele. A família tem, como foi apresentado acima, diversas dimensões e possibilidades de se concretizar na sociedade atual.

Contudo, essa concretização não era possível juridicamente, uma vez que o entendimento limitado sobre a família, alicerçado numa moral não mais homogênea e dominante, tinha respaldo na antiga legislação. O Código Civil de 1916 propunha um modelo único, correto, juridicamente legítimo e, principalmente, assimétrico de família. O caminhar social do século XX foi colocando à prova essa legislação e gradativamente conquistou concessões e atualizações por parte dos operadores do direito frente às novas necessidades sociais: o Estatuto da Mulher Casada e a subsequente Lei do Divórcio apontaram as tendências flexibilizadoras que estavam por vir.

Somente na Constituição Federal de 1988, com princípios claros e a real equidade dos direitos subjetivos, garantindo também um novo status jurídico para crianças e adolescentes com a instituição do Estatuto da Criança e do Adolescente, as novas configurações familiares passaram a ser aceitas juridicamente. O Código Civil de 2002 consolida, em conformidade com a CF/88, esses princípios e substitui o modelo familiar previsto no seu antecessor. As novas famílias, que não passam a existir factualmente, mas sim juridicamente, em 1988, são primordialmente compostas pelo vínculo afetivo que, consequentemente, implica na vivência de todas as dimensões relacionais que uma família tem, seja qual for sua estrutura.

O trabalho do Direito, por sua vez, não será jamais terminado, pois a família e suas possíveis configurações, continuarão em seu processo transformativo em sintonia com as transformações sociais e, portanto, o Direito continuará a se transformar para abarcar essas mudanças sociais para melhor cumprir seu papel social.

REFERÊNCIAS

BEVILAQUA, Clóvis. Código Civil dos Estados Unidos do Brasil comentado. Atualizado por Achilles Bevilaqua. 8. ed. Rio de Janeiro: Livraria Francisco Alves, 1950. v. 2, p. 41-42, 67

DIAS, Maria Berenice. Manual de Direito das Famílias. 4. ed. São Paulo: RT, 2007. p. 52.

DINIZ, Maria Helena. Curso de direito civil brasileiro: direito de família. 32. ed. São Paulo: Saraiva, 2015. v. 1, p. 14 e 434

DINIZ, Maria Helena. Curso de direito civil brasileiro: direito de família. 22. ed. São Paulo: Saraiva, 2007, v. 5, p. 9/14.

LÔBO, Paulo. Direito Civil: Famílias. São Paulo: Saraiva, 2008. p.37

OLIVEIRA, José Lamartine Correa de; MUNIZ, Francisco José Ferreira Muniz. Curso de direito de família. 4. ed. Curitiba: Juruá, 2002. p. 13.

SOUZA, Alinne Bianca Lima; BELEZA, Mirna Carla Moreira; ANDRADE, Roberta Ferreira Coelho. Novos arranjos familiares e os desafios ao direito de família: uma leitura a partir do Tribunal de Justiça do Amazonas. Disponível em: https://periodicos.unifap.br/index.php/pracs/article/view/577. Acesso em: 20 de abril de 2016

FERRAZ JR., Tércio Sampaio. Introdução ao Estudo do Direito: técnica, decisão, dominação. 6. ed. São Paulo: Atlas, 2010. p 334.

NOTAS

[1] FERRAZ JR., Tércio Sampaio. Introdução ao Estudo do Direito: técnica, decisão, dominação. 6. ed. São Paulo: Atlas, 2010. P. 334.

[2] DINIZ, Maria Helena. Curso de direito civil brasileiro: direito de família. 22. ed. São Paulo: Saraiva, 2007. v. 1 p. 19

[3] Idem, p. 434

[4] SOUZA, Alinne Bianca Lima;, BELEZA, Mirna Carla Moreira; ANDRADE, Roberta Ferreira Coelho. Novos arranjos familiares e os desafios ao direito de família: uma leitura a partir do Tribunal de Justiça do Amazonas. Disponível em: https://periodicos.unifap.br/index.php/pracs/article/view/577. Acesso em: 20 de abril de 2016.

[5] BEVILAQUA, Clóvis. Código Civil dos Estados Unidos do Brasil comentado. Atualizado por Achilles Bevilaqua. 8. ed. Rio de Janeiro: Livraria Francisco Alves, 1950. v. 2, p. 41-42, 67

[6] LÔBO, Paulo. Direito Civil: Famílias. São Paulo: Saraiva, 2008. p.37

[7] SOUZA, Alinne Bianca Lima;, BELEZA, Mirna Carla Moreira; ANDRADE, Roberta Ferreira Coelho. Novos arranjos familiares e os desafios ao direito de família: uma leitura a partir do Tribunal de Justiça do Amazonas. Disponível em: https://periodicos.unifap.br/index.php/pracs/article/view/577. Acesso em: 20 de abril de 2016.

[8] DIAS, Maria Berenice. Manual de Direito das Famílias. 4. ed. São Paulo: RT, 2007. p. 52.

[9] DINIZ, Maria Helena. Curso de direito civil brasileiro: direito de família. 22. ed. São Paulo: Saraiva, 2007, v. 5, p. 12/14

[10] OLIVEIRA, José Lamartine Correa de; MUNIZ, Francisco José Ferreira Muniz. Curso de direito de família. 4. ed. Curitiba: Juruá, 2002. p. 13.

Âmbito Jurídico, 01 de maio de 2016

VIOLÊNCIA CONTRA A MULHER, CRIME CONTRA A HUMANIDADE

A questão da violência contra a mulher principalmente no âmbito domiciliar, vem sendo aflorada com a crise pandêmica, A pandemia tendo obrigado ao isolamento social criou a situação absolutamente artificial de exigir que casais permaneçam praticamente em confinamento, trancafiados, lembrando aquele entre quatro parentes de Sartre, o inferno são os outros. Podemos imaginar casais que tem rusgas eventualmente naturais, potencializando, e a mulher sendo vítima da brutalidade do machismo.

"Tudo que é humano me concerne". Não se trata de simples conceito filosófico, mas é o tecido de civilização que nos distingue da barbárie.

Quando o Tribunal de Nuremberg tipificou o genocídio abriu o Direito para a garantia ampla, universal de defesa dos direitos essenciais da pessoa à vida, sem qualquer discriminação.

A História nas últimas décadas vem caracterizando nosso tempo como a revolução que muda o jogo da opressão contra todas minorias e quando falamos em minorias não se trata de uma questão populacional, mas de segmentos perseguidos, vítimas de preconceitos, exploração, até a morte.

É p caso da mulher e nesta exposição refletida no Brasil por condições de crueldade amparadas numa tradição sociológica machista.

Juridicamente, um movimento significativo para coibir as práticas de feminicídio, estupro, assédio moral e físico, foi a chamada Lei Maria da Penha.

No contexto da pandemia de covid-19, os atendimentos da Polícia Militar a mulheres vítimas de violência aumentaram 44,9% no estado de São Paulo, aumentando o total de socorros prestados de 6.775 para 9.817, na comparação entre março de 2019 e março de 2020. A quantidade de feminicídios também subiu no estado, de 13 para 19 casos (46,2%), segundo nota do MP "a casa é o lugar mais perigoso para uma mulher". Como referência, o órgão destaca dados da pesquisa Raio X do Feminicídio em São Paulo, que revelou que 66% dos feminicídios consumados ou tentados foram praticados na casa da vítima.

Um dos desafios das políticas públicas de proteção à mulher é simplificar esse processo e melhorar o acesso e divulgação dos programas de proteção, a exemplo do BO online, disponibilizado através do app SOS Mulher, que tive a honra de poder ajudar na sua criação, enquanto estava no Fundo Social e que desde o lançamento em abril já somou 5,5 mil registros de ocorrência.

Além disso, o acompanhamento das vítimas que retornaram para suas casas após denúncias é essencial. Através das visitas da Guarda Civil Metropolitana, Assistência Social, Polícia Militar, pode-se criar uma rede de proteção articulada entre as vítimas, Hospitais de referência, Delegacias da Mulher, Defensoria Pública e Ministério Público, para o desenvolvimento de estratégias que contribuam para o enfrentamento das múltiplas e complexas formas de violência contra as mulheres.

Para isso, os profissionais devem ser capacitados para proporcionar acolhida humanizada e orientação às vítimas quanto aos serviços municipais disponíveis. Hoje, a maioria dos profissionais que integram os programas são homens, o que muitas vezes constrange a vítima ao dividir as agressões e abusos sofridos.

Um programa que poucos conhecem é o Guardiã Maria da Penha, da GCM de SP que recebe os casos de medidas protetivas concedidas pelos juízes e fazem um acompanhamento através de visitas periódicas, semanais ou quinzenais, aos lares dessas mulheres de modo a garantir o cumprimento das medidas protetivas.

Com Wafa Kadri, ativista social dos direitos da mulher.
Migalhas, 12 de agosto de 2020

STF DECIDE SE BRASIL SERÁ UMA TEOCRACIA

No momento em que o STF deve decidir sobre influência religiosa nas eleições cabe uma reflexão.

Desde as práticas ritualísticas que muitas vezes definiriam os humanos como tais, os apelos metafísicos idealistas apresentam uma série de dogmas estabelecidos de sorte a padronizar o comportamento do homem e aproximá-lo às noções divinas e práticas sociais, utilizando as deidades como figuras de autoridade inquestionáveis, tal qual é a natureza de um dogma por definição.

A norma social que repele uma necessidade em que a ordem seja estabelecida entrementes por instituições religiosas aumentou e expandiu-se em grande contraste no século XIX num contexto russo em práticas que mais tarde conheceríamos como secularismo, com a implementação de estados baseados na laicidade, em forma também que se apresentou liberdade religiosa em na não obrigatoriedade sacramental.

Um dos problemas desta composição é que, por mais que estados de maior liberdade espiritual tenham suplantado aqueles arcaicos, ensejou doutrinas baseadas em mandamentos não escritos e dogmas se apossaram da lacuna deixada pelo religioso, e a perseguição de caráter somente mudou de mãos, lastreado agora em grupos de identidade

A dinâmica atual de oprimido x opressor tem muito a ver com o pecador característico e o eclesiástico em tom de hipocrisia anunciada, tendo líderes no lugar de escolhidos natos e noções sociais inquestionáveis no lugar de mandamentos. Isto é tão fato quanto trazer situações imaginárias e suas diferenças de tratamento não isonômicas entre os membros dos ditos grupos em relações de similar grau.

Com dizeres como "lugar de fala", estabelece-se um novo tipo de autoridade inquestionável qual os seus opositores teriam a liberdade de expressão cerceada, incluindo no campo do controle linguístico por força da lei, e os afiliados às seitas sendo ranqueados em ordem de quem tem mais ou menos debilidades percebidas socialmente, em atribuições arbitrárias e, em casos, infundadas.

Por mais que se façam necessárias ações de inclusão em grupos menos presentes, destacamos a importância de não sermos incautos para não enveredarmos um caminho qual vicejemos inquisições (i.e., cultura de cancelamento), pois é desta forma que se pode granjear ódio, apenas com novos agentes.

A teocracia ameaça com a Bíblia ou o Alcorão os universais direitos humanos.

Com *Vitor Sznifer*, administrador e analista de comportamento.
Jornal *GGN*, 10 de agosto de 2020

O LEGISLATIVO E SUA DISFUNÇÃO DE COMPETÊNCIA

O princípio idealizado numa Câmara de representação política parte da concepção da soberania popular e a representatividade do cidadão.

Através de eleição a sociedade escolhe segundo critérios ideológicos, políticos, profissionais, religiosos, sexuais, enfim de todas as ordens que vão pleitear, discutir, propor e finalmente, legislar organizando e pautando as demandas da nação.

Se consultamos a recente história política do Brasil verificamos como as assembleias legislativas, do município até Brasília repercutem os tônus do micro e macroscópico, caleidoscópio deste continente, ora gigante em berço esplêndido, ora celeiro do mundo.

Mais do que o Judiciário ou que o Executivo é nesta Casa multicolorida que o Zé Ninguém de Reich deposita a projeção de porta-voz.

PSOL OU DEM, esquerda, direita, LGBT, bancada da bala, da bíblia, radicais, ali se espelha (espectro espetacular duma sombra assustadora) os atrasos e avanços dum Brasil, hoje em profunda agonia, na pandemia e no pandemônio caótico, debaixo das máscaras, isolamento social, e os que lavam as mãos diante do desemprego, feminicídio, corrupção, sucateamento da saúde e da educação, herança maldita que a Historia golpeia na Geografia da fome, denunciada por tantos e ignorada pelos poucos beneficiários das injustiças.

Registrado estre quadro posa hoje um Primeiro-ministro sem legitimidade, eis que não se trata de parlamentarismo, num arremedo daquela que já foi a instância moral de Ulysses Guimarães e os que escreveram páginas inolvidáveis de autentica reverberação dos anseios patrióticos da República.

Que farrapos restam? Interesses particulares, individualizados, mamatas, empregos, verbas, o dinheiro da viúva gasto em detrimento da escandalosa miséria que tortura o cotidiano das metrópoles entregues à sanha de gangues criminosas, do assaltante de rua, o traficante de drogas, e o assaltante de cofres públicos que a Lava-Jato mira na esteira de dificuldades processuais ou armadilhas assustadoras que lembram episódios italianos de pavorosa memória.

Parodiando o título clássico de Primo Levi: "Isto é um deputado? ".

Se na ancestralidade a interrogação se ouviu: "Até quando Catilina, abusarás de nossa paciência", enquanto é tempo que o Poder Legislativo se empodere daquilo que é seu genuíno instrumento de força, a resposta à crise que afoga a geração e se junte ao Executivo e Judiciário num pacto nacional de sacrifício, engenho, proposito conduzindo o país à beira da insolvência do futuro para um desenvolvimento correspondente aos potenciais do povo e da nação.

Trata-se por tanto de vivenciarmos um episódio único e lamentável de nossa história a total disfunção de competência do Legislativo, não só no caráter ético, mas de seu proveito fundamental de criar leis que coadunam com nossa realidade atual, acompanhar a sociedade em seu desenvolvimento e não se apequenar em negócios escusos e interesses privados se sobrepondo ao interesse público do país.

Blog do Fausto Macedo. *O Estado de S. Paulo*, 24 de agosto de 2020

TUTELA JURISDICIONAL DIFERENCIADA

INTRODUÇÃO

As tutelas jurisdicionais diferenciadas são aquelas que oferecem procedimentos diversos do ordinário. Distanciam-se assim da forma procedimental, pois buscam garantir um processo mais rápido, que pretende alcançar efetiva prestação jurisdicional, devido ao fato de que em diversas situações, o procedimento ordinário lento pode vir a causar danos à parte que depende da tutela jurisdicional. O estudo da tutela jurisdicional pode ser pensado pelo viés do procedimento, e assim dissertar sobre a tutela e seu procedimento.

Sugerimos aqui o estudo dos princípios do procedimento em sua dimensão prática. Destarte, a tutela jurisdicional diferenciada quer poder significar a tutela adequada à realidade de direito material.

Porém, é sabido que estes procedimentos especiais das tutelas diferenciadas, apresentam por vezes a finalidade de atender interesses de um grupo específico da sociedade. Nas palavras de Carlos Aberto Garbi (2000):

"Na verdade, o que se tem a partir da chamada tutela jurisdicional diferenciada é uma preocupação maior com a efetividade do processo, endereçado sempre à satisfação do direito. É a aproximação do direito substancial ao processo que assume, definitivamente, sua instrumentalidade, sem renúncia à autonomia da ciência processual que não se afirma propriamente com a repetição da velha lição de teoria civilista da ação" (p. 62).

A efetividade do processo confere os motivos que para a concepção de um procedimento ordinário no sentido de oferecer tutela adequada às variadas situações. Percebe-se a necessidade da criação de um processo de cognição exauriente que em tese pudesse oferecer maior segurança, que demonstrasse por completo a neutralidade do juiz e a amplitude do direito de defesa.

O conceito de inteireza da defesa enquanto corolário para a indicação de um procedimento único de cognição exauriente, deve decidir entre a necessidade da ampla defesa ao réu e a imposição de se atingir a prestação jurisdicional. Destarte, a tutela jurisdicional, enquanto garantia constitucionalmente prevista, se concretiza unicamente com a efetiva prestação jurisdicional, sendo para tanto necessário considerar as situações de direito substancial "que muitas vezes não podem suportar o tempo do procedimento comum". (Marinoni, 2000, p.45).

Podemos assim determinar que o formalismo conforma a totalidade do processo, e no ensinamento de Carlos Alberto de Oliveira (1997; p 06-07):

"Compreendendo não só a forma, ou as formalidades, mas especialmente a delimitação dos poderes, faculdades e deveres dos sujeitos processuais, coordenação da sua atividade, ordenação do procedimento e organização do processo, com vistas a que sejam atingidas as suas finalidades primordiais".

O formalismo opera um papel substancial no âmbito do estudo da tutela jurisdicional, pois determina o conjunto das regras que disciplinam a atividade processual. Segundo a doutrina de Carlos Alberto Oliveira algumas das funções do formalismo são indicar os limites do processo; circunscrever o material processual que poderá ser formado; estabelecer os limites de cooperação e atuação das pessoas no desenvolvimento do processo; delinear uma previsibilidade ao procedimento, e finalmente disciplinar o poder do juiz. Também garante o formalismo a liberdade contra um eventual arbítrio das instituições que representam o poder do Estado, pois ainda consoante Carlos Alberto Oliveira (1997; p 06) "a realização do procedimento deixada ao simples querer do juiz, de acordo com as necessidades do caso concreto, acarretaria a possibilidade de desequilíbrio entre o poder judicial e o direito das partes".

Há de se observar ainda que o controle dos eventuais excessos de uma parte contra a outra, é domado pelo formalismo como fator igualitário dos contendores entre si, tanto no plano normativo, impondo uma distribuição melhor equilibrada entre os poderes das partes, tanto no plano de fato, impondo a paridade de recursos, e garantindo o exercício bilateral dos direitos, formação e valorização do material fático de importância para a decisão da causa.

Hodiernamente, afirma-se a participação efetiva do juiz no processo, não limitando a sua atuação à aplicação da norma, com eventual desprezo à sua interpretação. Isto porque um processo fundado nos ditames da isonomia substancial e nos preceitos democráticos, não prescindem de uma postura ativa do magistrado.

A justificativa de neutralidade do juiz, enquanto garantia à liberdade das partes, outrora advogada pelo direito liberal, não pode mais fundamentar a justificativa de um procedimento único de cognição exauriente, que abranja a tutela de todo e qualquer direito substancial, negando-se a efetividade da tutela jurisdicional.

INSTRUMENTALIDADE DO PROCESSO

O processo é instrumento que promove a definição, a proteção e concomitantemente a realização do direito substancial. Podemos afirmar que esta é a síntese do seu escopo jurídico. Sem estas funções não há de ser falar em processo. Neste sentido seguimos o raciocínio de Cândido Dinamarco (2001), que aventa ainda às diversas outras funções como a social e a política.

Portanto é fundamental que o processo resolva a sua adequação ao objeto para alcançar os fins para os quais foi criado. Surge o denominado princípio da adequação do processo à situação substancial, relatado por alguns como o princípio da adaptabilidade do procedimento. Nas palavras de Galeno Lacerda (1976; p 164) de "princípio unitário e básico, a justificar, mesmo, a autonomia científica de uma teoria geral do processo."

No direito processual fazemos a clássica distinção entre processo e procedimento, pois o procedimento é identificado como elemento extrínseco do processo. O processo se constitui enquanto série coordenada de atos, organizado e estruturado a partir de uma relação jurídica que une os sujeitos processuais: as partes, o juiz, os advogados e os auxiliares de justiça. Destarte não se pode olvidar do procedimento na análise do fenômeno processual. Conforme novamente Carlos Alberto de Oliveira (1997; p 112):

"A sedimentação dessas ideias obrou para que hoje se encontre pacificado o entendimento de que o procedimento não deve ser apenas um pobre esqueleto sem alma, tornando-o imprescindível ao conceito a regulação da atividade das partes e do órgão judicial, conexa ao contraditório paritário e ainda ao fator temporal, a fatalmente entremear esta atividade."

METODOLOGIA

A organização dos procedimentos com os quais os direitos serão tutelados não serve à tutela jurisdicional efetiva e adequada a qualquer rito, caso não venha ser adequada à situação jurídica posta sob apreciação judicial. O princípio da adequação, se justifica pela necessidade de se conferir maior efetividade possível ao direito processual. A organização dos procedimentos está intimamente relacionada, ainda, com a produção de coisa julgada material, tanto pela noção em que esta subordina-se à cognição judicial exauriente, quanto pelo fato dos procedimentos serem elaborados a partir da conjugação das técnicas de cognição.

Este princípio pode ser percebido conforme a doutrina, no momento pré-jurídico, legislativo, porquanto anunciante da elaboração legislativa do procedimento em abstrato, mas também no momento processual, permitindo ao magistrado, no caso concreto, adaptar o procedimento de modo a conferir adequação às peculiaridades da causa.

INADEQUAÇÃO DE UM ÚNICO PROCEDIMENTO

Não estaremos defendendo a adequação do procedimento ordinário enquanto conveniente para tutelar todos os direitos substanciais. Observando-se o caráter instrumental do processo, adequa-se este à natureza do direito material conforme a finalidade de aplicação dessas normas. Sugerimos que a ausência de um rito adequado venha impedir a eficácia coercitiva da norma e conferir ineficiência à garantia constitucional da prestação jurisdicional pelo Estado.

Para tanto, o direito processual civil em vistas a tutelar de forma adequada as múltiplas posições sociais e as diversas situações de direito substancial, não deve olvidar o que é fato na realidade social e no direito material. Pretende-se alcançar uma proteção efetiva, e não formal, ao direito material.

MOROSIDADE

A perquisição primigênia do procedimento ordinário, com sua cognição exauriente, é o tempo expendido na perquisição de uma verdade factual. Sua lentidão não raramente, compromete a efetividade da prestação da tutela jurisdicional. Assim, o esforço em manter a técnica processual de acordo com uma estrutura necessariamente célere, é um desafio a ser enfrentado pelos ordenamentos jurídicos. Contrapõe-se aqui a segurança jurídica que roga por um lapso temporal inexorável no decorrer do processo, e a efetividade da prestação jurisdicional, para que a decisão final não seja procrastinada para além do necessário.

É mister anotar-se, que a questão da agilização da justiça, não decorre exclusivamente de problemas de natureza técnico-processual, mas também de aspectos de origem cultural, econômica e política.

Percebe-se hodiernamente haver melhor abalizamento da posição que defendemos. Não podemos negar o progresso do ordenamento jurídico pátrio e o esforço de introdução de procedimentos diferenciados do ordinário, mais céleres e eficazes. Também saudamos as tutelas que visam assegurar um desempenho factual da prestação jurisdicional, nos moldes do regimento da tutela antecipada prevista no Código de Processo Civil.

PROCEDIMENTOS

Por conseguinte a construção do procedimento deve evoluir mirando a condição e as disposições do objeto do processo a que terá serventia. O legislador deve atentar para estas circunstâncias, pois um procedimento inapropriado ao direito material pode importar em lídima negação da tutela jurisdicional. Tanto o procedimento quanto a falta de adequação da tutela jurisdicional estão referidos pelo princípio da adequação, mas sobretudo pela falta de adequação da tutela jurisdicional. Conforme Yarshell (1999):

"Contudo, o processo também pode ser visto —sempre com olhos voltados para a tipicidade— como o 'instrumento da jurisdição'. Sob esse prisma, pensar no processo é pensar no modo pelo qual o Estado desenvolve a função jurisdicional e, ao mesmo tempo, pensar nos 'caminhos' ou 'remédios' postos à disposição do interessado para desencadear o exercício dessa função. Com tais considerações, não é difícil perceber, 'retorna-se' ao tema do ingresso em juízo; não exatamente sob o ângulo da 'ação' tal como já examinado, mas sob a ótica do meio colocado à disposição tanto das partes, quanto do próprio Estado para a declaração e atuação do direito" (p. 167).

Mencionada a tutela jurisdicional, imediatamente aludimos ao princípio da inafastabilidade configurado enquanto direito constitucional de ação, segundo o qual nenhuma lesão, ou ameaça de lesão, será banida do juízo do Poder Judiciário (art. 5º, XXXV, CF/88). Esta garantia foi durante muito tempo visto como uma mera estipulação do direito de ação e do juiz natural. Sucede que a afirmação destes direitos em nada garante sua efetivação. A consequência é a percepção da noção de tutela jurisdicional qualificada. É insuficiente a comezinha garantia formal do dever do Estado de prestar a Justiça; é necessário sublinhar esta prestação, que merece ser célere, efetiva e adequada. Debrucemo-nos sobre esta última qualidade expressa: o que significamos enquanto tutela jurisdicional adequada?

Está lícito que a garantia do princípio da inafastabilidade pressupõe uma tutela adequada à realidade de direito material. Portanto garante o procedimento, a espécie de cognição, ao caráter do provimento e os meios executórios consentâneos próprios da situação de direito material. É de onde se consubstancia a garantia do devido processo legal ajustado ao princípio da adequação do procedimento. Isto deve ser congruente também à qualidade derivada do princípio da adequação da tutela jurisdicional.

Entendemos que este princípio é da teoria geral do processo e aplica-se a qualquer espécie de processo, inclusive nos administrativos e legislativos. Intentamos demonstrar esta conformação pois percebemos que para um cidadão obter aquilo que faz jus, deve superar uma série de medidas estabelecidas, dentre as quais avulta a criação de um procedimento adequado às particularidades de seu direito. As referidas medidas precisam estar previstas expressamente, pois a previsibilidade e a anterioridade do procedimento são requisitos para conferirem à decisão judicial à legalidade e a legitimidade. A importância deste princípio é fundamental. Defensor de uma unidade da teoria geral do processo, aprendemos com José Albuquerque Rocha (2001):

"O que prevalece hoje, após os estudos mais recentes, é o conhecimento de que o processo é um conceito da Teoria Geral do Direito e não só do Direito Judiciário. De modo que uma Teoria Geral do Processo, no sentido preciso do termo, ou seja, que queira ser verdadeiramente geral, deve abranger o estudo dos conceitos fundamentais não só do direito processual jurisdicional, mas, igualmente, do direito processual legislativo, administrativo e até negocial (este último respeitante ao processo desenvolvido pelos particulares na realização dos chamados negócios jurídicos)" (p 22-23).

ADEQUAÇÃO

Conforma-se a adequação do processo a partir da adequação do procedimento. Segundo Galeno Lacerda, há um inter-relacionamento dos aspectos subjetivo, objetivo e teleológico, sem excludência de algum.

Em razão dos litigantes confere-se a adequação subjetiva do processo. Há diversas oportunidades exemplares, como a intervenção obrigatória do Ministério Público nas ações de incapazes (art. 82, I, CPC); a diferenciação de regras de competência (alimentando, art. 100, II, CPC; entes públicos federais, art. 109, I, CF/88); a incapacidade processual para litigar em certos procedimentos (art. 8º, LF 9.099/95); os prazos especiais (art. 188, CPC) e demais exemplos que poderíamos arrolar.

O procedimento resta teleologicamente congruente à função visada. Vemos em Galeno Lacerda (1976):

"Claro está que o processo de conhecimento, porque visa à definição do direito, requer atos e rito distintos daqueles exigidos para a execução, onde se cuida da realização coativa do direito declarado, ou para o processo cautelar, que busca a segurança do interesse em lide."

Há também adequação teleológica quando o procedimento é adaptado aos valores preponderantes para cada caso, e um exemplo notável é o procedimento dos Juizados Especiais que celebram a celeridade e efetividade conforme sua especialidade.

O juízo reto de que se vale o legislador para acomodar a tutela jurisdicional pelo procedimento são a natureza do direito material, cujo destaque e magnitude firmam uma qualidade de tutela mais efetiva; o talhe como se manifesta o direito material no processo e a situação processual da urgência.

No primeiro critério devemos arrolar, por exemplo, as possessórias, os alimentos, a busca e apreensão em alienação fiduciária e a liminar em ação civil pública. Do segundo aventamos o mandado de segurança, a ação monitória e a tutela antecipada genérica do art. 273, CPC. Os exemplos de tutela de urgência são os procedimentos especiais de alimentos e o mandado de segurança preventivo.

O procedimento ordinário, porém, pode vir a estar incapacitado da resolução da tutela dos direitos difusos. Lembramos novamente que o código foi concebido para a tutela de direitos individuais e patrimoniais. Quando a apresentação processual do direito elicia a diferenciação do procedimento, segundo o Ministro Luiz Fux (1996), encontramos o resguardo daquilo que foi qualificado como tutela da evidência ou tutela do direito evidente. Salientamos novamente que se tutela o direito em razão da aparência que se afigura nos autos. Por princípio a natureza do direito material posto em litígio resta relevada. Privilegia-se, desta forma a comprovação do direito alegado, enquanto direito líquido e certo. Insiste-se que este direito precisa ser provado documentalmente, conforme a conceituação atual.

Buscamos auxílio ainda em Sérgio Ferraz (1996) e Celso Barbi (1999) que afirmam que a liquidez e a certeza indicam como o direito é apresentado em juízo, sendo passível de comprovação de plano, além de prova escrita, em se tratando de ação monitória. Quando fundamentada em prova inequívoca, a antecipação genérica permite à tutela de qualquer direito evidente. Certamente este se configura em abstração na previsão normativa de um provimento de urgência, conforme Didier Junior (2010). Altera-se o procedimento comum em favor dos direitos evidentes.

Com a redação do princípio da inafastabilidade na Constituição de 1988, com a incorporação da tutela da ameaça, foram por semelhança constitucionalizadas a tutela preventiva, a tutela de urgência, a tutela contra o perigo, legitimando portanto a concessão de provimentos antecipatórios e cautelares. A Constituição é notória quando preceitua as tutelas reparatória e preventiva (Marinoni; 2000).

Porém esta previsão constitucional da tutela antecipatória genérica não dispensa a "exigência insuprimível" da diferenciação de ritos. Nada impede que se venha conferir ao magistrado, poderes para conformar o procedimento às peculiaridades do caso concreto afim de tutelar o direito material. É sabido que o rigor formal foi patrocinador coadjuvante do desdouro do sistema de tutela jurisdicional dos direitos. Eis que surge em socorro o princípio da adaptabilidade.

Ajusta-se ao direito brasileiro a visão esclarecedora de Calamandrei (1999) quando da reforma processual civil italiana. Instauram-se técnicas que permitem ao magistrado adaptar o procedimento, uma vez iniciado o feito. Há de aludir exemplos como a possibilidade de inversão da regra do ônus da prova, em litígios do consumidor, de acordo com o art. 6º, VIII, CDC. Também a contingência da substituição do procedimento sumário em ordinário, por pretexto da complexidade da prova técnica ou do valor da causa (art. 277, §§ 4º e 5º, CPC). Importantes também são as versões procedimentais vaticinadas na Lei de Ação Popular (LF 4.717/65, art. 7º e segs.).

Por ser um desvio da rota originariamente prevista, o magistrado sempre deve anunciar às partes de sua intenção, de modo a garantir a higidez do contraditório. Somente após o referido anúncio, podem os litigantes adotar processualmente as novas regras. Do contrário, como adverte Antonio Gidi (1995), se permitiriam ocasos processuais, em afronta direta aos princípios da lealdade e da cooperação. A complacência do procedimento aos requisitos da causa pode ser importante para a melhor consecução dos seus fins, numa perspectiva instrumentalista do processo.

Adequa-se, portanto, o processo ao seu objeto tanto no plano pré-jurídico, legislativo, abstrato, com a dinâmica de condutas coadunáveis ao direito material, como no desígnio do caso tangível, processual, facultando-se ao magistrado alterar o procedimento conforme às exigências da causa.

CONCLUSÃO

A possibilidade do contraditório é ponto indiscutível do processo já que é a instrução das partes que ratifica a dinâmica da jurisdição. Por sua vez, a jurisdição constitui poder do Estado que se manifesta através do processo. É imprescindível que este direito de defesa venha prevalecer em qualquer circunstância, ainda que na esfera administrativa.

Portanto, conforme Marinoni (2000, p.233), as tutelas jurisdicionais diferenciadas são construídas com base na técnica de cognição ou através da combinação de várias das técnicas de cognição. Nessa circunstância, o tempo e o dispêndio processuais devem ser observados, para melhor adequação dos aspectos que devem suportá-los, levando-se em consideração as diversas situações de direito substancial. Situações ímpares exigem tratamentos diferenciados. Os trâmites de cognição parcial beneficiam a correção e a celeridade.

É fato que o procedimento ordinário atribui ao autor o ônus da suportabilidade dos custos do processo. Em outros procedimentos, o réu arca com esse ônus, movido pela certeza, pela necessidade de celeridade e mesmo da efetividade da prestação jurisdicional. Deve-se observar quando ocorre limitação do direito de defesa, em que observância ou por qual virtude que o legislador determina tal limitação? Porém, jamais deve ser suscitado uma supressão desse direito. Há de se indagar se este procedimento especial, que por certo há de refrear o direito de defesa, encontra-se em entendimento com os préstimos constitucionais e com a peculiaridade do direito material a ser tutelado.

Nesta linha de pensamento, e em relação ao direito de defesa, preserva-se o princípio da isonomia processual. Mas não uma isonomia formal, baseada na aparência de igualdade entre as partes, mas uma isonomia substancial, com paridade de armas para ambos as partes.

Neste contexto de respeito aos princípios tais como o contraditório, a isonomia, e todos os demais valores prevalecentes no texto constitucional, é que devem ser refletidas a gênese de expedientes especiais.

Embora presente nas normas processuais, o tecnicismo não deve coagir o direito. A matéria jurídica convive com o político e com o econômico, conforme Calmon de Passos (1998):

O processo como técnica de formulação de normas jurídicas e de efetivação do direito conserva, e necessariamente deveria fazê-lo, as conotações políticas e econômicas que formam o próprio direito a que ele se vincula, instrumentalmente. Deve-se acentuar, entretanto, que o poder político é a resultante da real correlação de forças no grupo social. (p.87).

Presentemente, impõe-se a necessidade de criação de procedimentos que tutelem efetivamente os direitos materiais afirmados. A vicissitude, com certeza, não está presente em tal atestação, já sedimentada nos cânones pátrios. O Estado, ao proscrever a autotutela, propiciou-se de um dever de tutela em qualquer espécie de situação antagônica concreta. Deve-se verificar o propósito do legislador na criação de tutelas diferenciadas, observando-se a intenção dos criadores destes procedimentos, em eventual detrimento dos valores constitucionalmente assegurados no Estado Democrático de Direito.

A parcimônia de tutelas rápidas nasceu com a deficiência do procedimento ordinário e da conveniente administração da justiça. Constata-se que a plebe que se dispõe a iniciar uma peleja judiciária, depara-se com a inadequação dos instrumentos colocados a sua disposição. Verifica-se processos lentos e caros, sem adequação do rito à consumação de um direito tutelado.

Insistimos ainda na inadmissibilidade da criação de procedimentos especiais, como alternativas de litígios, nem como substitutivo à responsabilidade do Estado na proteção dos direitos dos cidadãos.

REFERÊNCIAS

BARBI, Celso Agrícola. *Mandado de Segurança*. Rio de Janeiro: Forense, 1999.

CALAMANDREI, Piero. *Direito Processual Civil*. Campinas: Bookseller, 1999, v. I.

DINAMARCO, Cândido Rangel. *A Instrumentalidade do Processo*. 6ª ed. São Paulo: Malheiros, 1998.

DINAMARCO, Cândido Rangel, Grinover, Ada Pellegrini, e CINTRA, Antônio Carlos Araújo. *Teoria Geral do Processo*. 17ª ed. São Paulo: Malheiros, 2001.

DIDIER JUNIOR, Fredie. *Liminar em Mandado de Segurança: natureza jurídica e importância histórica. Uma tentativa de reenquadramento dogmático em face das últimas reformas processuais*. AJURIS n º 80.

http://jus.com.br/artigos/2917/liminar-em-mandado-de-seguranca-natureza-juridica-e-importancia-historica

DIDIER JUNIOR, Fredie. Sobre *Dois Importantes (e esquecidos) Princípios do Processo: Adequação e Adaptabilidade do Procedimento*. Publicado em Artigos Mai 2010.

http://www.tex.pro.br/home/artigos/35-artigos-mai-2010/5806-sobre-dois-importantes-e-esquecidos-principios-do-processo-adequacao-e-adaptabilidade-do-procedimento

FERRAZ, Sérgio. *Mandado de Segurança Individual e Coletivo —aspectos polêmicos*. São Paulo: Malheiros, 1996.

FUX, Luiz. *Tutela de Segurança e Tutela da Evidência (Fundamentos da tutela antecipada)*. São Paulo: Saraiva, 1996.

GARBI, Carlos Alberto. *Tutela jurisdicional diferenciada e a efetividade do processo.* Revista dos Tribunais, São Paulo, v. 782, p. 48-67, dez 2000.

GIDI, Antônio. *Aspectos da Inversão do Ônus da prova no Código do Consumidor.* RDC 13/33-41. São Paulo: RT, 1995.

LACERDA, Galeno. *O Código como Sistema legal de Adequação do Processo.* Em: Revista do Instituto dos Advogados do Rio Grande do Sul — Comemorativa do Cinquentenário. Porto Alegre, 1976.

LACERDA, Galeno. *O Código e o formalismo processual.* Revista da AJURIS. Porto Alegre: AJURIS, 1983, 28/7-14.

MARINONI, Luiz Guilherme. *Novas Linhas do Processo Civil.* 4ª edição. São Paulo: Malheiros, 2000.

MARINONI, Luiz Guilherme. *O direito à adequada tutela jurisdicional.* Revista dos Tribunais, São Paulo, v.663, p. 43-7, jan. 1991.

OLIVEIRA, Carlos Alberto Álvaro de. *Do Formalismo no Processo Civil.* São Paulo: Saraiva, 1997.

OLIVEIRA. *Efetividade e Processo de Conhecimento.* Em Revista de Processo. São Paulo: RT, 1999, 96:59-69.

PASSOS, José Joaquim Calmon de. *Comentários ao Código de Processo Civil.* 8ª ed. Rio de Janeiro: Forense, 1998, v. III.

ROCHA, José Albuquerque. *Teoria Geral do Processo.* 5ª ed. São Paulo: Malheiros, 2001.

YARSHELL, Flávio Luiz. *Tutela Jurisdicional.* São Paulo: Atlas, 1999.

Tribuna de Minas, 01 março 2016

A INCOMPETÊNCIA DO ESTADO NO JULGAMENTO DA SANIDADE MENTAL

Quem é o indivíduo "normal" psicologicamente? Eis uma questão filosófica, científica e moral atormentada por discussões jurídicas e polêmicas das mais delicadas e que levantam situações, praticamente, insolúveis.

Ainda agora, o Brasil, como aliás ocorre com inúmeros países, discute a questão da internação involuntária, principalmente de indivíduos enquadrados no conceito da drogadição.

Creio que, além das realidades concretas de efeitos sociais dramáticos que o problema suscita, é fundamental a discussão deste pré-requisito: afinal, quem é "normal" ou, no anverso, quem é "anormal", quem é equilibrado mentalmente e quem é desequilibrado?

Quais as medidas e parâmetros subjetivos que devem ser levados em conta para que se obtenha um mínimo de consenso?

Como uma espécie de "Código de Rorschach dos tribunais", proporia aos que se pretendem psiquiatras forenses, policiais, advogados, juízes, uma provocação capaz de referir o elenco das ambivalências:

1. O indivíduo que afirma conversar com Deus é esquizofrênico?
a. no caso da resposta positiva, os místicos e profetas nas suas imprecações belicosas tão frequentes deveriam ser internados, compulsoriamente, pelo perigo que apresentam à sua segurança e à ordem social?
Como ficaria Joana d'Arc nesta conjuntura ou, em contrapartida, Antônio Conselheiro em Canudos?
b. a importância da vivência erótica no trabalho de Willem Reich, um dos mais importantes psicanalistas da história, o levou à prisão nos EUA.
Quem teve o "desvio" comportamental que exigiria a internação involuntária, Reich ou seus juízes?

2. O uso do álcool desmedido que leva o indivíduo ao homicídio e ao suicídio com frequência assustadora deve implicar numa estratégia agressiva da família e do Estado para uso da medida da internação involuntária ou somente certas drogas como o crack, que sob o ponto de vista estatístico causa sacrifícios incomensuráveis, mas em termos populacionais é menos usado?

O que deveria prevalecer, subjetivamente, a extensão do vício ou sua imediata e alarmante presença na desordem comunitária?

E, finalmente, como argumento decisivo para contestar o direito de o Estado decidir sobre a matéria da normalidade psíquica, a interrogação histórica sobre o próprio "Estado demencial", o país que sob critérios mínimos de civilização pratica tortura e barbárie contra seus opositores políticos e ideológicos, minorias étnicas ou pessoas de opções sexuais consideradas desviantes?

Urge que a tolerância quanto às diferenças e preferências da identidade e da condição humana sejam respeitadas perante doutrinas que, em nome da sanidade, preconizam enclausurar mentes e corpos num retrocesso medieval.

Alguém poderá argumentar com a complexidade do problema, o que, por sua vez, o torna "humano, demasiadamente humano".

Conjur, 28 de junho de 2019

CARÁTER SUBJETIVO DA UNIÃO ESTÁVEL NO CONFINAMENTO

A pandemia decretada pela O.M.S. com um caráter de radical mudança nas interações humanas provocou conforme diretrizes desta entidade seguida, praticamente, com maior ou menor rigidez, algumas diretrizes de proteção contra a crise sanitária de dimensão planetária, inclusive no Brasil.

Uma das mais impactantes realidades impostas foi a que se convencionou denominar confinamento, na dinâmica do isolamento social. Esta medida deu ensejo a entendimentos polêmicos, entre outros os chamados "isolamento horizontal" ou "isolamento vertical".

No Brasil acabou prevalecendo o regime de quarentena com o "isolamento horizontal" que, inclusive já havia sido adotado no precedente histórico da "gripe espanhola".

Como seria de se supor a alteração de rotina e da cotidianidade de milhões de pessoas originou realidades capazes de abalar as pacas tectônicas do Direito de Família, eis que o bordão "fique em casa", assumiu peculiaridades de estreitamento dos espaços físicos, psicológicos e morais de todos os indivíduos. Pretendo consignar algumas reflexões sobre a flexibilização do instituto da "união estável" que escancarou a leitura da subjetividade, este território íntimo que vai da preterintencionalidade até o fato de pessoas convivendo com as implicações jurídicas, efeitos legais dai resultantes.

No corpo do Código Civil, artigo 1.723 "É reconhecida como entidade familiar a união estável entre o homem e a mulher, configurada na convivência pública, contínua e duradoura e estabelecida com o objetivo de constituição de família", aflora na segunda construção a subjetividade do animus de constituir família.

Estamos diante de um impasse jurídico eis que é de difícil objetivação caracterizar este requisito legal, pois tanto um casal pode passar uma "temporada afetiva" com a intenção de se proteger no caso da Covid-19, mas sem a finalidade de constituir uma família e por outro lado um casal que tem sim a firme decisão de montar uma família pode se ver na contingência do afastamento físico por meses à fio, para cuidar, por exemplo de parentes idosos.

Outrossim contatou-se nos cartórios do Rio de Janeiro um aumento expressivo de 55% de casos de constituição de união estável durante o isolamento em virtude da pandemia.

A resposta social aos rigores impostos pela crise pandêmica, com ameaça de doença e morte teve na informalidade que a "união estável" representa diante do casamento um indiscutível padrão contemporâneo, portanto atemporal e inespacial.

Certamente inúmeros outros desdobramentos deste fenômeno que ensejou de um lado o isolamento social e distanciamento de outro lado alimentou laços de intimidade e aproximação que sempre ocorreram em crises desta natureza como por exemplo revoluções, guerras, traumas coletivos.

Finalmente diante da constatação da fragilidade e da finitude da vida, muitas pessoas, principalmente jovens, procurem no outro o amparo da estabilidade a sua segurança.

Conjur, 15 de junho de 2020

O CARÁTER PERPÉTUO NA PRISÃO DE PESSOAS IDOSAS NO BRASIL

O uso da linguagem como elemento político e filosófico é hoje considerado um instrumento de poder a ser questionado no Direito tanto sob o ponto de vista teórico na doutrina, jurisprudência, enfim em todos os campos, como na realidade existencial.

No Direito Penal, todos os cuidados devem ser apurados para que a hipocrisia e a retórica não sejam usadas contra o réu e, em última instância, contra a sociedade.

Amenizar a expressão de velho para idoso não altera a condição do ser humano fragilizado pela idade avançada. Da mesma forma que a criança e o adolescente ou a mulher, ou o homossexual, o velho é o indivíduo que demanda o relevo da sua diferenciação.

Vigor físico e intelectual diminuído, perda dos mecanismos de defesa que a saúde proporciona exigem tal preocupação em relação às pessoas com mais idade.

O reconhecimento básico dessa realidade já foi inclusive formalizado no Estatuto do Idoso (Lei 10741/03). Esse diploma consigna como idoso o indivíduo com mais de 60 anos. Ora se a expectativa de vida do brasileiro hoje é calculada em 76 anos, somos obrigados a nos interessar pela condição delicada de aproximadamente 75 mil presos em regime fechado no país.

Óbvio que ninguém de bom senso pretende isentar de punição o criminoso pela condição de velhice.

De passagem, lembro que o herói francês Marechal Petain, que traiu seu país na Segunda Guerra Mundial, foi acusado e condenado, embora de idade avançadíssima, tendo a Promotoria usado o argumento lapidar: "a idade não absolve o canalha".

O que se pretende adequar é o contrassenso de o Estado se assemelhar ao transgressor quando a nossa Constituição é clara em seu artigo 5º: "todos são iguais perante a lei, sem distinção de qualquer natureza, garantindo-se aos brasileiros e aos estrangeiros residentes no País a inviolabilidade do direito à vida, à liberdade, à igualdade, à segurança e à propriedade, nos termos seguintes: XLVII - não haverá penas: b) de caráter perpétuo".

Senão vejamos: um apenado a 20 anos de prisão com a idade de 70 anos, num país com a referida expectativa de vida, escandalosamente, vai cumprir uma prisão de *caráter* perpétuo. E isso com todas as inferências e repercussões objetivas e subjetivas das condições miseráveis de nosso sistema penitenciário.

Público e notório que o regime fechado ora vigente na cotidianidade não apresenta as condições mínimas de salubridade física e psicológica, derretendo as faculdades mentais e abalando a estrutura fisiológica do preso mesmo jovem e de saúde equilibrada.

Pretendeu o CPP, artigo 318, ao estabelecer que: "Poderá o juiz substituir a prisão preventiva pela domiciliar quando o agente for: I - maior de 80 (oitenta) anos; (Incluído pela Lei nº 12.403, de 2011)".

Voltando aos cálculos de idade já anotados, a fixação aos 80 anos não corresponde à população brasileira.

Indignado com o quadro, o ministro do STF Gilmar Mendes exclamou em Plenário: "Quem fala em direitos humanos e decreta prisão de quem tem 80 e 90 anos, se existe céu e existe Deus, vai ter que ajustar as contas".

Permito-me lembrar também Sobral Pinto, o grande jurista católico que, como advogado do líder comunista Luiz Carlos Prestes durante a ditadura de Vargas, tendo em vista as condições carcerárias, invocou a Lei de Direito dos Animais para caracterizar o mínimo de respeito que o Estado deve ao ser humano, na cidadania, mesmo criminoso e condenado.

Neste momento, temos dois presos velhos, ou idosos, para quem preferir: os ex-presidentes da República Luís Inácio Lula da Silva e Michel Temer.

A não ser que se imagine um Estado vingador, eles podem servir para que a sociedade faça uma autocrítica: em prisão domiciliar, eles e milhares de outros presos alquebrados ameaçariam a ordem pública?

E indo mais longe na ordem de raciocínio, a sanha de punição sob o pretexto de dar exemplo não pode ter um efeito paradoxal? Despertar comiseração e piedade diante de homens poderosos reduzidos a farrapos humanos?

Sociedades civilizadas relativizam e qualificam os comportamentos das pessoas. Relativizam também a forma de punir os que transgridem a lei. Que se verifique assim esses milhares de indivíduos que, frequentemente, se situam como mortos-vivos no fim de sua existência humana.

Que cumpram suas penas, mas respeitadas suas condições de velhos. Ou restará o espetáculo de tripudiar sobre aqueles que nada mais possuem, nem o esqueleto do corpo e do psiquismo para sobreviverem.

Conjur, 12 de maio de 2019

POR UM CONSELHO DE EX-PRESIDENTES NA CRISE

Urge, seguindo tradições e costumes tantos nossos como de outros países, convocar hoje, agora, um remédio com fundamentação jurídica para moderar a comoção política e ideológica que convulsiona o Brasil durante uma crise sanitária que equivale em mortandade, catástrofe econômica e social a uma guerra civil: uma geração destroçada pela Covid-19, com milhares de mortos, milhões de desempregados, clima de paranoia e claustrofobia.

Estamos a refletir sobre um conselho de notáveis composto pelos ex-presidentes da República: José Sarney, Fernando Collor, Fernando Henrique Cardoso, Luís Inácio Lula da Silva, Dilma Rousseff e Michel Temer.

Em termos pragmáticos, estaríamos aproveitando exemplos como os de Itália e Paraguai, que oferecem aos ex-presidentes o cargo de senador vitalício, sem poder de voto, mas com poder de fala, e da França, onde os ex-presidentes passam a integrar o Conselho Constitucional do país.

Uma referência histórica a ser consultada é a do Poder Moderador no Império em nosso país, que *"se sobrepõe aos outros poderes, Legislativo, Executivo e Judiciário, cabendo ao seu detentor força coativa sobre os demais"*.

Numa associação arquetípica, nas tribos indígenas em situação de conflito se convocam os velhos, sábios que, amparados na experiência, suavizavam os choques de interesses. Eram chamados "Conselho de Anciãos".

Se nos debruçamos sobre períodos de disputas radicais no Brasil, podemos imaginar que governos que culminaram em suicídio (Getúlio Vargas), impeachment (Fernando Collor e Dilma Roussef) e renúncia (Jânio Quadros) poderiam ter se favorecido com um órgão dessa natureza.

Independentemente de qualquer apreciação ideológica ou política, existe hoje a consensualidade de impasse na relação entre os três poderes da República quase que diariamente, em nível de fragmentação do próprio Estado Democrático de Direito.

Numa conjuntura que demanda a união nacional em torno de medidas de combate à pandemia, um conselho que reunisse a experiência e o patriotismo de personalidades de variadas tendências serviria como uma assembleia de méritos acalmando os atritos e unificando os esforços pela causa comum.

A convocação desse conselho será uma declaração, fundamentalmente pluralista, que depende da distinção, do convívio dos diferentes, ou seja, de um espectro democrático de linguagem.

Conjur, 12 de maio de 2020

ALIENAÇÃO PARENTAL: ENTENDA O QUE É, COMO PROVAR E QUAL A PENA PARA QUEM COMETER O CRIME

Adultos que têm dificuldade em lidar com processo de separação acabam prejudicando os filhos.

As relações humanas não são fáceis e, em se tratando de envolvimento amoroso, tudo é mais complexo. O momento da separação é extremamente doloroso na vida do indivíduo.

Sentimentos como raiva, angústia, frustração, luto pelo relacionamento e tristeza invadem a pessoa e não é raro que surja o desejo de vingança. Em casos de divórcios não consensuais isso é mais evidente, na análise da psiquiatra Aline Machado Oliveira, especialista em Psicologia Clínica Junguiana. "Então, aquele membro do casal que está se sentindo rejeitado usará o que tiver em mãos para vingar-se do outro e é neste momento que os filhos são usados como 'arma'. O cônjuge que afasta o filho do pai ou da mãe quer que o outro sinta a dor e a revolta que ele mesmo está sentindo pelo término do relacionamento", afirma.

E é nesse instante que surge um comportamento que se tornou crime no Brasil: a alienação parental. Para desvalorizar o outro, um dos ex-cônjuges começa a falar mal, a criticar e a julgar o outro na frente da criança. O filho se sente acuado e não sabe em quem acreditar. Em casos graves, ele começa a dizer que não quer ver mais aquele que foi moralmente atacado por uma das partes e pode desenvolver sérios problemas psicológicos.

O QUE É ALIENAÇÃO PARENTAL

O advogado Flávio Goldberg, mestre em Direito, explica que alienação parental é o processo psicológico e social através do qual uma pessoa manipula o filho para afastá-lo do outro genitor. "Trata-se de um exercício de poder alicerçado em ciúme ou sentimento de posse e muitas vezes com o objetivo de agredir o ex-cônjuge naquilo que lhe é mais precioso, ou seja, o resultado amoroso de uma relação afetiva que terminou", esclarece.

O especialista acrescenta que é muito frequente que a alienação parental seja produzida inclusive pelo medo da perda do afeto do filho, que ocorre com a cumplicidade eventual de familiares. "Nesta hipótese, acaba se travando uma disputa ambígua e confusa na qual os sentimentos indefinidos lesam a formação emocional da criança e estressando os laços obrigatórios do convívio imposto pelas circunstâncias", afirma Flávio Goldberg.

A psiquiatra Aline Machado Oliveira vai além e dá exemplos de casos em que outras pessoas da família, além do pai e da mãe, praticam a alienação parental, como os avós. "Um pai, por exemplo, poderá tomar as dores da filha que foi traída e abandonada pelo marido. Ele poderá sentir-se traído igualmente e ficar frustrado, com raiva pelas atitudes do seu então genro. Mesmo sem perceber, poderá passar a falar mal do genro para os netos e isto constitui a alienação parental. Uma mãe, por exemplo, poderá sentir-se muito magoada e entristecida ao saber que a nora se separou do seu filho e foi morar com outro homem. Isto poderá levá-la a difamar esta nora para os seus netos, o que também constitui alienação parental. Se a mãe ou o pai da criança passar a difamar seus avós, tios ou primos durante o processo de separação, isto também constitui alienação parental, pois esta é uma tentativa de afastar a criança dos seus familiares paternos ou maternos", ressalta.

QUAIS SÃO OS PERIGOS DA ALIENAÇÃO PARENTAL

Os adultos que praticam a alienação parental estão tão envolvidos com seus próprios sentimentos que são incapazes de promover o respeito com os filhos. É dever dos pais não misturar os assuntos, pois as crianças naturalmente se sentem responsáveis pelas brigas e separações dos pais.

"Então, em situações em que as crianças são usadas por um membro do casal para prejudicar o outro, a situação, que já era ruim, torna-se ainda pior. Este sentimento de culpa aumentará ainda mais na criança ao ver seus pais brigando e se difamando. E este sentimento de culpa poderá levar ao desenvolvimento de transtornos psiquiátricos", ressalta Aline Machado Oliveira.

O filho que sofre com a alienação parental pode apresentar sintomas de depressão, ansiedade, enurese noturna, terror noturno, insônia, ansiedade de separação e mutismo seletivo. A situação estressante também poderá prejudicar o sistema imunológico da criança e levar ao desenvolvimento de outras doenças, como as infecções. "Portanto, tanto o emocional quanto o organismo da criança ficarão prejudicados, o que certamente afetará seu desenvolvimento biopsicossocial", alerta a psiquiatra.

ALIENAÇÃO PARENTAL É CRIME PREVISTO EM LEI; SAIBA QUAIS SÃO AS PENAS

A alienação parental é um crime previsto na lei número 13.431. "Quem comete alienação parental pode receber como punição a prisão preventiva ou incorrer em crime quando da desobediência de medidas protetivas previstas no Estatuto da Criança e do Adolescente e pela Lei Maria da Penha. Hoje cientificamente está comprovado que alienação parental na infância e na adolescência pode deformar a personalidade do indivíduo até a demência ou comportamentos patológicos. Nesta hipótese, é um crime que deve ser punido severamente", avalia o mestre em Direito Flávio Goldberg.

A prisão preventiva é uma prisão cautelar que tem o objetivo de evitar que o acusado cometa novos crimes. Ela não poderá ultrapassar o prazo de 180 dias e, caso seja prorrogada por sentença, deve respeitar o prazo máximo de 360 dias.

A punição vai depender de cada caso, de acordo com o advogado: "O juiz irá analisar o caso concreto, podendo decidir por penas mais brandas até mais severas, desde uma advertência para que cesse a atitude do alienador até a retirada de sua guarda, suspendendo o pátrio poder em casos extremos".

COMO PROVAR A ALIENAÇÃO PARENTAL

Existem algumas maneiras de provar que a criança está sendo vítima de alienação parental, inclusive com conteúdos enviados por WhatsApp ou e-mail, segundo o advogado Flávio Goldberg.

"Além disso, por relatório de psicólogo que evidencie a prática de alienação parental. O serviço de assistência social também pode servir para saber se está ocorrendo tal prática abusiva. São profissionais especializados com recursos para auxiliar em situações de ocorrência da alienação parental", explica.

O QUE FAZER EM CASO DE ALIENAÇÃO PARENTAL

Se você está passando por um processo de separação ou alguém muito próximo a você está passando por isto, lembre-se de não praticar a alienação parental. Não é sobre você e por você, é pelo bem-estar físico e mental dos filhos do casal.

"Os filhos não precisam saber dos detalhes do término, como se houve ou não traição, abandono ou questões financeiras envolvidas. As crianças não saberão lidar com estas informações e isto somente fará com que se sintam ainda mais culpadas, angustiadas e deprimidas. Respeite seu filho (a), sobrinho (a), neto (a), afilhado (a). Proteja-o neste momento de dor e não torne a vida da criança ainda mais angustiante e infeliz", aconselha a psiquiatra Aline Machado Oliveira.

Para as crianças que se encontram em intenso sofrimento devido a separação dos pais, a psicoterapia infantil é recomendada. Assim, a criança se sente mais à vontade para expressar seus sentimentos. O mesmo espaço de escuta psicológica é essencial para que esses pais que estão em sofrimento emocional também se cuidem.

Camila Tuchlinski. *O Estado de S. Paulo*, 11 de agosto de 2020

PRECEDENTE HISTÓRICO NUM IMPASSE GOVERNAMENTAL

O Brasil assiste estarrecido a polêmica entre o presidente Jair Bolsonaro e o ex-ministro Sergio Moro. Do que se depreende da troca de acusações de um lado o presidente argumenta que lhe cabe segundo Lei 13.047/2014, em seu artigo 2º-C, prevê que "o cargo de diretor-geral, NOMEADO PELO PRESIDENTE DA REPÚBLICA, é privativo de delegado de Polícia Federal integrante da classe especial" a competência para a nomeação do diretor geral da Polícia Federal tendo em vista a decisão de afastamento por razão pessoal de "cansaço" de Maurício Valeixo, "sponte sua".

Já o ex-ministro Sergio Moro alega que o presidente pretendeu "interferir", indevidamente em processos em andamento na Polícia Federal e a indicação do novo diretor geral deveria ser incumbência para a salvaguarda dos princípios da transparência, moralidade e impessoalidade na gestão da coisa pública.

Trata-se portanto de uma discussão que ultrapassa o simples cumprimento do preceito constitucional da hierarquia maior do Poder Executivo na figura do presidente da República, levantando a questão da estratégia de estilo e comportamento no exercício de funções que se interpenetram.

Ouvido a respeito o professor de Direito Constitucional Michel Temer reportou-se à episódios ocorridos quando era Secretário de Segurança Pública do então governador de São Paulo, professor de Filosofia do Direito, André Franco Montoro, e posteriormente, no exercício da Presidência da República.

A posição de Temer fazendo o cotejo entre o dispositivo legal peremptório da hierarquia e a delicadeza das relações de subordinação é de respeito ao Direito conciliando com a psicologia da relação pragmática, evitando agravos e suscetibilidades mas preservando a autonomia das funções.

Em viagem que Flavio fez com Temer, quando o ex-presidente proferiu uma palestra na Universidade de Oxford , foi exatamente a preocupação legalista com o zelo do limite da alteridade constatou a diferença entre o homem público e o estadista.

O que se espera agora é que suavizando choques temperamentais se ultrapasse ainda mais tendo em vista a tragédia da pandemia o minúsculo em favor do objetivo maior, o interesse da Nação.

A lição a ser extraída dos fatos lamentáveis de parte à parte é necessidade imperiosa de prevalecer o espírito constitucional da harmonia governamental.

Outrossim neste estresse cabe ao Congresso e ao STF o papel moderador que desde o Império tem servido à causa da integridade do país no funcionamento de suas estruturas neste momento ameaçadas pela maior crise econômica social da nossa história.

Dispensamos vaidades e arbitrariedades convocando cada um aquilo que o francês define como *"chevalier sans peur et sans reproche"*.

Com *Andre Montoro*, cientista político formado pela USP.
Conjur, 27 de abril de 2020

QUARENTENA VERTICAL E SUAS CONSEQUÊNCIAS

Repetidas vezes e de forma enfática o presidente Jair Bolsonaro tem insistido na tese da chamada "quarentena vertical" para enfrentar a gravíssima crise de saúde imposta pela pandemia, provocada pelo coronavírus, que causando a doença categorizada como Covid-19 já ceifou a vida de centenas de brasileiros e se não tomar-se as devidas precauções, pode atingir até 1 milhão de pessoas no território nacional, segundo o presidente da Organização Mundial de Saúde.

O presidente da República contrapõe-se à recomendação mundial de "quarentena horizontal" essa sim respeitante à igualdade de condições de cidadania, Constituição Federal em seu artigo Artigo 5º. "Todos são iguais perante a lei, sem distinção de qualquer natureza, garantindo-se aos brasileiros e aos estrangeiros residentes no País a inviolabilidade do direito à vida, à liberdade, à igualdade, à segurança e à propriedade, nos termos seguintes."

Segue a isso os repetidos episódios em que o presidente desmereceu a gravidade do coronavírus, criou atritos, acusou outros poderes de utilizarem politicamente a pandemia e várias vezes desrespeitou as diretrizes mundiais de combate à Covid-19, criando ambientes de aglomeração. Além disso, recebeu reclamações dos próprios líderes governamentais por não coordenar corretamente as diferentes instâncias de governo, sejam governos estaduais ou municipais.

O presidente pretende que alguns cidadãos que ele engloba no nicho de "grupo de risco" sejam confinados, obrigatoriamente, em suas residências ou sejam retirados de suas atividades sociais rotineiras, violando inclusive outros direitos fundamentais garantidos pela nossa constituição como o inciso XV do artigo 5º que reza sobre a liberdade de locomoção. Um dos elementos que tipificam o chamado "grupo de risco" seria as pessoas com mais de 60 anos, mais vulneráveis nessa faixa etária ao ataque do vírus.

Deixando de lado as questões éticas e de Direito que esta matéria suscita, cumpre notar o gravíssimo fato de que o presidente da República tendo 65 anos de idade está, tácita, implícita e ainda que inconscientemente, de público, afirmando que não pode permanecer exercendo as altas funções de presidente da República, nestas circunstâncias.

Trata-se, obviamente, de renúncia por vontade própria ainda que contrastando mas não excludente diante de suas atitudes violando as regras de quarentena, abraçando publicamente, seus simpatizantes.

Aliás, esta ambivalência solidifica o conflito que leva o presidente Jair Bolsonaro inclusive a discordar através de comportamento com seu Ministro da Saúde.

A Constituição Federal tem que ser interpretada de forma corajosa pois o espírito da letra nos esclarece:

"Art. 81. Vagando os cargos de Presidente e Vice-Presidente da República, far-se-á eleição noventa dias depois de aberta a última vaga.

Art. 83. O Presidente e o Vice-Presidente da República não poderão, sem licença do Congresso Nacional, ausentar-se do País por período superior a quinze dias, sob pena de perda do cargo."

Ora, ter que ficar confinado na sua residência no Palácio do Planalto sem contacto físico com qualquer pessoa redunda, escandalosamente, na inabilitação para exercer a função de presidente da República do Brasil.

Com Andre Montoro, cientista político formado pela USP
Conjur, 01 de abril de 2020

TAXAS COBRADAS POR ASSOCIAÇÕES DE MORADORES SÃO ILEGAIS

Volta à baila e é de interesse de dezenas de milhares de vítimas em todo o país a momentosa questão da conduta das chamadas "associações de moradores", que se constituem baseadas na ausência do Estado, criando espécie de clubes de privatização de ruas, praças, cercando terrenos, tentando replicar o modelo dos condomínios fechados.

Trata-se de uma forma de organização que, historicamente, começou no Rio de Janeiro e se espalhou por todo o país e que impõe cobranças de taxas frequentemente abusivas, alegando serviços, principalmente de segurança.

O comportamento padrão é o fechamento de algumas ruas, criando portarias e guarnecendo um gênero de policiamento particular.

Ainda agora o Recurso Extraordinário 695.911 está no Supremo Tribunal Federal para julgamento e deverá decidir matéria pertinente.

De qualquer sorte, decisão da 1ª Turma do STF já reconhecera como ilegal a cobrança dessas taxas, ao acompanhar, por unanimidade, o voto do ministro Marco Aurélio, dando provimento ao Recurso Extraordinário 432.106.

Realmente, o ministro considerou que a regra do artigo 5º da Constituição Federal garante que ninguém poderá ser compelido a associar-se ou a permanecer associado.

Contata-se que essa ordem de entidades associativas já tem sido questionada em várias instâncias e contingências no Estado Democrático de Direito.

O problema ultrapassa polêmicas unicamente jurídicas, pois se alarga pela contradição de grupos empresariais que pretendem ocupar funções de Estado, na ausência ou precariedade deste, visando ganhos à custa de direitos básicos de cidadania.

Ninguém pode ser obrigado a associar-se a "entidade de amigos" sem que seja de sua vontade. Não pode, outrossim, ser impedido a qualquer momento de retirar-se dessas associações, sob pena da criação de grupos paralelos ao instituto de governo da sociedade.

Basta referir que são inúmeros os casos em que essas "associações" impõem normas e regras para a frequência de ruas, dificultando o trânsito e fazendo prevalecer sistemas particulares de interação social, objetivando enriquecimento sem causa.

Diferentemente do princípio que rege o condomínio, estamos diante de entidades que cobram uma fórmula de "segurança por fora", "cuidados especiais", propiciando verdadeiros guetos de apartheid que não combinam com uma sociedade sem barreiras.

Sociologicamente, no Brasil e como fenômeno de modernidade, associações que se originam da informalidade sempre implicaram em monstruosidades do corpo jurídico, correndo na contramão dos direitos de cidadania.

No folclore, as figuras dos samurais no Japão, os justiceiros do Velho Oeste americano, as milícias cariocas são alguns dos produtos que se degeneram vestidos de aparentes melhores intenções de garantir a segurança, melhor qualidade de vida, conforto e bem-estar.

Guardar lugar e "garantir" segurança para o carro do "patrão" é o refrão dos flanelinhas que amanhã irão criar suas associações cobrando taxas?

O fascismo italiano e a ditadura de Vargas são exemplos de "associações" que começam cercando ruas e terminam em violência e ilegalidade e até no crime.

Conjur, 04 de agosto de 2019

A PANDEMIA: OLHAR INTERDISCIPLINAR

Prosseguindo na tentativa de elucidar e promover debates profícuos sobre o atual e muito particular momento vivido pelo mundo o Blog Conto de Notícia tem buscado ouvir as perspectivas multiprofissionais sobre os temas ligados à pandemia. Desta vez conversamos com o advogado e mestre em Direito Flávio Goldberg (FG), o cientista social pela USP André Montoro (AM) e o economista Márcio Chaves (MC)

BLOG

A discussão também passou a envolver aspecto jurídicos e legais, como por exemplo, se os governantes podem constitucionalmente deter pessoas que não respeitem a quarentena. Na opinião de vocês falta uma legislação específica para os casos de epidemias e pandemias? Especialmente quando parecem fora de controle? Este não parece ser o caso do Brasil que já contou com o célebre episódio da "revolta da vacina". E o que sugerem para controlar os possíveis abusos de autoridade decorrentes de "períodos de exceção"? A enorme constituição de 1988 não lhes parece deficitária ou insuficiente?

FG

A Constituição Federal de 1988 é um avanço nos resguardos dos direitos humanos que protege a cidadania mesmo em épocas excepcionais como da atual pandemia e cumpre bem o seu papel. No entanto, estamos vivendo momentos críticos, não só no Brasil, mas em todo o globo. Medidas de restrição de circulação foram tomadas em todos os países do mundo. De qualquer forma o direito constitucional de ir e vir deve ser respeitado. O Estado deve dar importância a conscientizar o cidadão de o quanto menos ele circular, menos contaminações ocorrerão e melhor será para ele e para a sociedade. Em relação a legislação específica, não creio necessidade, porque já existem medidas legais que tem sido tomada e que tem dado resultado, porque as instituições estão funcionando. Essas mesmas instituições serão as que controlarão abusos cometidos pelos diferentes agentes políticos do país.

HOSTILIDADE E PRECONCEITO CONTRA IDOSOS

BLOG

Ouvimos vários relatos de pacientes, e até de médicos e profissionais de saúde idosos que foram hostilizados e admoestados nas ruas por estarem andando. Alguns deles movimentando-se para trabalhar nos serviços de saúde. Qual a interpretação que poder-se-ia dar à fenômenos como estes? Quando justamente os mais vulneráveis tornam-se objetos da hostilidade popular? Não lhes parece que aqui opera uma espécie de bizarra inversão de valores sociais quando a agressividade elege potenciais vítimas como alvos?

FG

Os episódios relatados são tristes, porque demonstram uma falta de consideração pelas pessoas que estão lutando contra o vírus, sejam pacientes, enfermeiros e médicos, além da população idosa, que teve uma vida toda de luta e que sempre deve ser admirada e respeitada no país. Acredito que esses episódios foram pontuais no início do fenômeno, e creio que a população brasileira está aprendendo a conviver com as medidas protetivas com relação ao vírus. Além disso, ao contrário de países europeus que tem rígidas e severas leis protetivas para o idoso, inclusive prevendo penalidade para discriminações, não há o devido respeito ao Estatuto do Idoso, que relativamente é recente para a história de nosso país e foi somente instituído em 2003. No Brasil, que se prepara para se tornar um país com maioria de idosos já em 2030 (segundo o IBGE), precisamos nos atentar para respeitar essa significativa e sensível parcela da população.

EXPLORAÇÃO DO CLIMA DE PANDEMIA

BLOG

Recentemente, em meio à pandemia, testemunhamos a eclosão de informações contraditórias (no início a própria OMS emitiu notas díspares: não haveria transmissão inter-humana, depois reconheceu que sim, que não recomendava máscaras, depois passou a recomendar só para infectados e agora recomenda que todos a usem) com intensas repercussões não só nas mídias sociais, como na divulgação confusa na própria imprensa. Confusão aceitável até certo ponto já que a ciência sempre aprende empiricamente, porém identificamos desdobramentos de natureza ideológica na discussão. Sabemos que a manipulação da ciência e dos dados científicos sempre promovem mais obscurantismo do que elucidação. E os argumentos então passaram a resvalar nas teses quase surreais quando "torcidas uniformizadas pró revolução pelo vírus" enfrentaram o "medicamento do presidente", culminando em uma preocupante crise de autoridade e de lideranças, sob a instrumentalização política de eventos clinico-epidemiológicos. Podem dar suas impressões sobre estas ponderações.

FG

O Brasil não é para principiantes e nem para especialistas diriam alguns. Nós conseguimos politizar uma pandemia global, que em outros países uniu o povo e as autoridades públicas, fez subir a popularidade do presidente. Aqui no país faltou grandeza e humildade ao presidente. Faltou cumprir seu papel, unindo todos os cidadãos contra um vírus extremamente danoso. Exemplarmente tivemos líderes de governo como Angela Merkel, extremamente honesta ponderada nas suas atitudes à frente da Alemanha e mesmo alguns líderes que tomaram decisões equivocadas. Desacreditando a força do vírus, como Boris Johnson no Reino Unido e Trump nos EUA, reconheceram equívocos e construíram um discurso unificador para seu país. Aqui o presidente incentivou os ânimos, questionou a ciência, fez pouco caso com os alertas de especialistas em saúde do próprio Brasil e do mundo. Dessa forma colocou brasileiros em clima de torcida ideológica, que só traz malefícios para nós, do ponto de vista sanitário e econômico, além de desgastar ainda mais a imagem do país no cenário internacional.

O ACESSO A SAÚDE NUMA SOCIEDADE DEMOCRÁTICA

BLOG

O SUS foi uma grande e benéfica conquista do período recente para a saúde pública no Brasil. Como opinam em relação ao estado de preparo da saúde pública para lidar com quadros como o da mutação do coronavírus e seus impactos? Experiências de alguns países onde a medicina foi socializada mostraram ganhos, mas também sérios problemas estruturais, especialmente quando se refere ao acesso às técnicas mais sofisticadas da medicina. A organização da saúde na Europa é muito distinta do Brasil, mesmo assim Espanha e Itália, por exemplo, ainda vivenciam dias de drama e caos nos serviços de saúde. De acordo quanto a Trump e Boris Johnson que de fato agiram com objetivo claro de unificar as ações, e, ao mesmo tempo, deram autonomia e apoio para decisões regionais com apoio e respaldo de equipes que pareciam não estar sujeitas à subordinação ideológica. Por sua vez, dirigentes da União Europeia foram duramente criticados por parte de seus membros por não ter dado apoio logístico e financeiro a muitos dos países membros. Porém, no Brasil, assim como parte de muitos países em desenvolvimento, o esforço político ainda está centrado numa lógica de concentração de profissionais de saúde nos grandes centros sob uma ótica hospitalocêntrica. Isto é, a preferência é dada para estruturas de atenção secundária e terciária, quando ainda há um déficit significativo de espaço para atenção primária como ambulatórios, centros e unidades básicas de saúde. Países como Israel, por exemplo, onde há uma das menores taxas estatísticas de mortalidade, investiram em orientações médico-sanitárias através da telemedicina e testes maciços em boa parte da população. Somente pacientes com sintomas mais importantes e graves são orientados a procurar os hospitais. Como esta discussão deveria ser encaminhada do ponto de vista social e jurídico?

AM

A proteção da saúde é um direito fundamental garantido pela Constituição Federal. A situação criada pela COVID-19 prova a importância do maior sistema público de saúde do mundo, o SUS. Além disso, se mostra necessidade, após passada a pandemia, de se aperfeiçoar o sistema, em um trabalho coordenado entre Ministério da Saúde, as Secretarias Estaduais e Secretarias Municipais. A melhor forma de fazer isso seria por meio da coordenação e dos entendimentos entre os gargalos e casos de sucesso comunicados por técnicos, gestores públicos e especialistas dos diferentes níveis da federação. É necessário hierarquizar fortemente o sistema, isto é, definir hospitais exclusivos para casos de alta complexidade, outros para média complexidade e as Unidades Básicas de Saúde (UBSs) atenderem os casos de baixa complexidade. Isso somado a um gasto orçamentário responsável e eficiente são os caminhos de aperfeiçoamento do sistema que são tão necessários. Em relação a estrutura de unidades básicas de saúde, mais do que ampliar sua quantidade, o foco deve ser a qualidade e a fiscalização no investimento para melhoramento da instalações e bom encaminhamento da porta de entrada do sistema de saúde no país. Como repete o sanitarista e sempre deputado constituinte Eduardo Jorge, um dos artífices do SUS na Constituição: "É o SUS ou a barbárie", ainda mais no Brasil, um país com enormes diferenças sociais e econômicas.

A INFLUÊNCIA DO PÂNICO NA VIOLÊNCIA SOCIAL, CRIME E OS ÍNDICES DE CRIMINALIDADE

Blog – O isolamento pode ter sido até aqui a medida epidemiológica mais correta, talvez a única efetiva disponível, mas agora será preciso pensar e enfrentar também as consequências sócio econômicas da paralisia e da desaceleração. Gerará mais violência urbana? Como lidar com as consequências sociais das decisões epidemiológicas? Quem será responsável? Também é preciso chamar a atenção que, enquanto a atual pandemia ganhou os holofotes quase hegemônicos das mídias, os índices de criminalidade – que chegaram aos alarmantes 59.000 homicídios e que vinham gradativamente abaixando, ainda que perturbadores em relação à média mundial – deixaram de ser noticiados. E os demais enfermos? Como ficam?

AM

As consequências sociais da pandemia virão para o mundo todo. FMI, Banco Mundial, FED já preveem depressão econômica considerável no mundo todo. A questão da violência no país será impactada, não há saída. Outro caminho no qual nos vemos presos, é com relação a dura quarentena imposta a majoritária população, com exceção daquelas pessoas que praticam serviços essenciais. Nesse momento de crise, o vírus tem característica altamente contagiante e de sobrecarga do sistema de saúde e não há outra saída a não ser quarentena. Tempos extraordinários pedem medidas extraordinárias, portanto tudo que faltará devido a baixa na produtividade, da diminuição da renda da população, deverá ser provida pelo Estado, felizmente também tem sido provida pela filantropia e pela população. Voltando a violência, essa será uma dura consequência, e precisa ser trabalhada pela continuidade, como serviço essencial, do aparato policial que mantêm seu trabalho em tempos de crise. Realço aqui: não existe justificativa para repetirmos uma Itália, Espanha ou EUA, que entraram em colapso, justificando-se pelo aumento da violência ou do desemprego. O Estado precisará agir estrategicamente para combater esse desafio.

BLOG

E quanto aos outros enfermos? Pessoas portadoras de outras patologias têm deixado de procurar hospitais e unidades de saúde pelo medo do contágio, mas também pelo receio de serem negligenciadas. Há relatos de pacientes cardiopatas e com moléstias autoimunes que relatam que preferem não se arriscar. Na sua opinião não há uma gravíssima falta de transparência e simultaneamente uma lacuna de campanhas sistemáticas de conscientização da sociedade sobre nosso momento atual. Conscientização que precisaria ir um pouco além das importantes, porém insuficientes medidas como usar álcool gel e lavar as mãos?

AM

A informação não é só um direito é também um dever. Cabe ao Estado o papel didático de proteger a população alertando para importância de todos os cuidados com a saúde, o que tem sido feito para a população geral. No quesito relacionado a parcela da população que utilizaria do serviço de saúde não devido ao COVID-19, falta uma comunicação mais direta, que poderia ser feita inclusa nas didáticas peças de publicidade produzidas pelo Ministério da Saúde por todas as mídias no país.

MC

Uma perspectiva fundamental que precisa ser observada diante da crise social provocada pela pandemia é a sua repercussão gravíssima na Economia brasileira. Se estabeleceu uma polêmica que polarizou a opinião pública colocando de lado o ex-ministro Mandetta e o presidente Bolsonaro divergindo quanto a questão do confinamento e os seus limites na vida financeira e econômica da população de um lado os que advogam o retorno imediato ao trabalho para garantir os empregos e a sobrevivência de milhões de pessoas jogadas na linha da pobreza. De outro aqueles favoráveis ao isolamento horizontal para evitar a disseminação do contágio pelo Covid-19.

MC

Acredito que levando em conta os dados científicos concernentes a pandemia e a obrigação do Estado em evitar a falência sobre a falência da própria estrutura da nação em medidas gradativas que assegurem a superação de uma crise que pode ter caráter catastrófico. Isto demanda um consenso nacional acima de disputas políticas e ideológicas com um senso de patriotismo e até sacrifício de interesses.

BLOG

Sempre acreditei que a imaginação e a criatividade são os nossos recursos mais extraordinários. Diante da dificuldade evidente dos governantes em usar essas capacidades, gostaria que cada um de vocês citasse três sugestões de aplicação imediata que a sociedade civil poderia encabeçar para amenizar e/ou suavizar os efeitos jurídicos, sociais e econômicos nesta crise.

FG
- Tendo em vista o estado de risco de calamidade pública, unificar as medidas de transição para saída da quarentena através de medidas jurídicas em caráter de excepcionalidade, abrangendo todo território nacional.
- É o momento de solidificar as garantias dos direitos fundamentais elencados na Constituição Federal.
- Que os leitos de UTI disponibilizados para doentes afetados pela Covid-19 tanto para hospital público quanto serviços privados, desde que obedeçam aos critérios da ética médica, e impor aos planos de saúde a cobertura imediata em caso de internação.

AM
- Abertura emergencial dos tradicionais restaurantes comerciais a um real em todas regiões abaixo da linha da pobreza.
- Abrigo provisório durante a crise para população de moradores de rua em escolas públicas.
- Acesso gratuito a material de higiene e prevenção como o álcool em gel disponibilizando em todas dependências em funcionamento de cada município.

MC
- Volta paulatina em turnos diferenciados ao trabalho.
- Abertura do comércio e prestação de serviços também em horários diversificados inclusive noturno, para evitar concentrações.
- Parcelamento com eventuais abatimentos e acordos para pagamentos de impostos e tributos municipais, estaduais e federais.

Blog do Paulo Rosenbaum. *O Estado de S. Paulo*, 18 de abril de 2020

CONFLITO INCIVIL ROMPE PACTO FEDERATIVO

Se existe hoje um consenso nacional é o dissenso. O processo de fragmentação social acelerado que tem caráter universal se agudizou com a pandemia.

No Brasil o fenômeno que tem uma tradição histórica pela configuração continental do país surge em ciclos de crise esgarçando o tecido da própria identidade provocando cisões e rupturas.

Algumas consultas ao mapa de nossa realidade alinham ou melhor desalinham os potenciais e explosivos dados duma brutal condição que insiste em se sobrepor ao nosso "wishfull thinking" de um país unificado na garantia das fronteiras traçadas entre as unidades da Federação e nos contornos da América do Sul, aliás também conflagrada por processos semelhantes, embora com suas peculiaridades singulares da chamada "hispanidade" que, por sinal, já exigiu alerta, principalmente, durante os períodos dos governos de Getúlio Vargas e Peron quando o caudilhismo de ambos era seduzido pela fantasia do "inimigo comum que pode cimentar a unidade interna do país".

Arrolando a disputa entre os três poderes para a administração do caos e desordem da tragédia da COVID19 que mata mais de mil pessoas, diariamente, enquanto, Presidência, Congresso, STF, estados, municípios, se digladiam no meio de recursos milionários e carências miseráveis, num quadro dantesco.

No Rio de Janeiro como uma espécie de tiranetes policiais, milícias, tráfico, corrupção, se confrontam, celebram alianças e pactos, se guerreiam, governichos paralelos, tudo diante do melodramático final de um mandato que nem se iniciou.

Aqui mesmo em São Paulo numa cidade como Botucatu a cena televisiva expõe cenas deste panorama surdo e ensurdecedor ao mesmo tempo de absoluta insegurança.

"Bala perdida" é uma pena que condena o cidadão inocente à morte quando escapa do vírus? Miudezas ou cores sombrias?

Esquerda e Direita, católicos e evangélicos, negros e brancos, feministas e machistas, milionários e moradores de rua, lockdown ou abertura, Bolsonaro ou Lula, hidroxicloroquina ou a messiânica vacina, volta às aulas ou aprovação geral de uma geração perdida na falta de horizontes intelectuais.

A crescente hostilidade na interação pessoal, a incomunicabilidade internética por mensagens em que o "fake news", o "patrocínio", os grupos de interesses manipulam o medo até o próximo da paranoia.

Na polarização resta à sociedade um espasmo de energia para reclamar, pedir, exigir, um esquecimento do umbigo fragmentado de cada um em favor da causa maior de sobrevivência fugindo do "barco à deriva" de Rimbaud, Titanic no Tietê.

Portanto refletir que no momento em que Harari acena com um "governo mundial" urge responder à utopia de monopólio dos países trilionários que vão ter as vacinas antes de nossos cadáveres com o único remédio restante, sempre nas prateleiras e talvez o único na competência da cura, patriotismo.

Sem pieguice, ufanismo, xenofobia, mas como uma epígrafe para a Carta Magna de nossos direitos e deveres, a soberania do país depende hoje de um Governo de coalizão não só legal, mas legítimo.

Blog do Fausto Macedo. *O Estado de S. Paulo*, 31 de julho de 2020

FUNDAMENTO ÉTICO DA PEC DA PRISÃO EM SEGUNDA INSTÂNCIA

O propósito da aplicação do Direito nas condições sociais da Justiça é apanágio da civilização. Na questão concreta que a PEC 199/19 levantou algumas variáveis que confluem e precisam aclarar uma concepção ética, que hoje e de maneira dramática se transformou num pleito consensual da Nação: que não fique impune o crime pelo decurso de enquanto inação que estimula e realimenta um processo desmoralizante de patologia comportamental.

Objetivando, trata-se de assegurar ao cidadão os recursos cabíveis dentro da razoabilidade, ou seja:

Altera os artigos 102 e 105 da Constituição Federal, extinguindo os recursos extraordinário e especial e o condenado que sentir-se prejudicado, caberia as ações revisionais de competência originária do Supremo Tribunal Federal e do Superior Tribunal de Justiça. Que resultaria em menor procrastinação e maior eficiência desses recursos.

E ao mesmo tempo não lesaria o artigo 5, inciso LVII, da CF "Ninguém será considerado culpado até o trânsito em julgado da sentença penal condenatória", pois o trânsito em julgado se daria em 2º instância, cabendo o socorro da ação revisional.

Pesquisas feitas com apenados em vários países constataram que a ressocialização está, intimamente, ligada à um senso de proporção moral entre o crime cometido e a sentença condenatória, ou seja, que foi aplicada de maneira correspondente à gravidade do fato delituoso, o devido castigo social.

De outra parte repugna ao psiquismo do acusado a permanência por anos à fio até uma eventual prescrição a pecho de réprobo, aquele que nem é inocente, nem é culpado.

Este é o caráter exemplar da PEC 199/19 que levou o autor deste artigo, Alex Manente a propor a retro referida mudança no andamento processual do recurso.

Se a Justiça fica sob a ótica abstrata alheia à demanda humana de respeito às normas sociais, acaba em odiosa, paradoxalmente, até para aquele que favorecido por manobras procrastinatórias leva seu crime à prescrição.

Que se consigne até o mais empedernido dos bandidos carrega no íntimo de sua fragmentada consciência uma necessidade de pagar pelo delito.

Desta forma é também o mais alto resguardo dos direitos humanos de, num prazo significativo e não num infindável tempo dantesco garantir que o tribunal encerre o julgamento: absolvendo o inocente aliviado da injusta acusação ou condenando o culpado, expiando através da reparação a lesão praticada contra outrem, a comunidade que após cumprida a pena, deverá acolhê-lo, na oportunidade da chance sagrada de retorno ao convívio da cidadania.

Com *Alex Manente*, deputado federal e autor da PEC da prisão em 2.ª instância
Blog do Fausto Macedo. *O Estado de S. Paulo*, 30 de maio de 2020

MEDIAÇÃO: A SOLUÇÃO JURÍDICA E TERAPÊUTICA PARA OS CONFLITOS FAMILIARES

Em um dia, mais de 400 processos de pensão alimentícia surgem em todo o País. De acordo com números do Conselho Nacional de Justiça (CNJ), em 2016, foram 146 mil novos casos. São casais que brigam na Justiça pelo direito de oferecer aos filhos a verba necessária para alimentação, saúde, educação, etc. Um tema recorrente sob a tutela do judiciário, mais especificamente, nas varas de família, os juízes recebem as mais diversas demandas, de separações à partilha de herança. É moroso e custoso para todos os envolvidos.

Um caso 'clássico' de divórcio, com filhos, pode demorar até dois anos para ser resolvido. Para os familiares que estão carregados de emoções, a conclusão necessita ser ainda mais rápida. O judiciário, pela estrutura física dos tribunais, pode ser um ambiente intimidatório, principalmente para aqueles que não conhecem o sistema. As pessoas chegam ao tribunal com muito receio, nervosas e isso instiga o embate. Cada um com sua motivação. Cada um com sua convicção, a sua verdade. Discussões e brigas são comuns e estão presentes em quase todas as situações de maneira penosa e com terríveis sequelas nas estruturas familiares.

Agora, imagina se os envolvidos pudessem acalmar os ânimos e rancores de forma terapêutica, como se estivessem em uma sessão de psicanálise em grupo, de forma simbólica, trocando a cadeira arcaica de uma audiência por um divã. Esse é o objetivo da mediação em Direito de Família.

Características como a oralidade e neutralidade são alicerces tanto da clínica psicológica quanto num processo de mediação, que é justamente a busca por uma solução de conflito, litigioso ou não, através do diálogo entre as partes envolvidas, com auxílio de um terceiro neutro encarregado de conduzir as tratativas, o mediador. O Novo Código Civil e a Constituição Federal de 1988 reconhecem os princípios da afetividade e da convivência como fundamentais para a construção da família. É sem dúvida nenhuma a maneira mais eficaz de evitar ao máximo exposições desnecessária, desgastes sentimentais e mágoas permanentes entre familiares.

Para se ter uma ideia do sucesso desse método de solução alternativa de conflito, de janeiro de 2012 a abril de 2017, a Justiça de São Paulo homologou mais de meio milhão de acordos por meio de audiências de mediação e de conciliação, informa o Núcleo Permanente de Métodos Consensuais de Solução de Conflitos (Nupemec), do Tribunal de Justiça paulista. Foram 570 mil conflitos que chegaram a uma resolução antes de ser judicializados. Assim, as partes têm menos dor de cabeça, gastam menos dinheiro e o judiciário fica menos abarrotado.

Os profissionais do Direito são cada vez mais instruídos a orientar a preferência de pacificação do conflito por meio da mediação e conciliação antes de os casos serem levados ao Poder Judiciário.

Além dos números, esse método alternativo nasce no território da dinâmica familiar, buscando a origem do problema, a reflexão de suas causas e consequências e a melhor maneira de resolução do conflito. As configurações da instituição Família mudaram muito ao longo das últimas décadas. Casamentos, antes longevos, agora tendem a terminar em menos de cinco anos conforme pesquisas realizadas.

Guarda compartilhada dos filhos começa a ser vista com naturalidade. Casais homoafetivos, que até pouquíssimo tempo não poderiam legalmente constituir família, começam a ser reconhecidos, inclusive, com os mesmos direitos à partilha de bens. As alterações nas relações interpessoais tendem a continuar. E o Direito de Família tem a característica de ser eternamente mutável conforme nossa cultura. Não podemos tratar o ambiente familiar com rigor formal, desrespeitando a evolução do pensamento humano e a alteração de nossos costumes. Temos que respeitar a ação do tempo e nos alinhar a atualidade.

Blog do Fausto Macedo. *O Estado de S. Paulo*, 04 de maio de 2018

O PAPEL E O ESPÍRITO DAS FORÇAS ARMADAS NA CENA BRASILEIRA

A Constituição da República no seu artigo 142 discrimina os limites e a abrangência jurídica e fática das Forças Armadas no instituto da Nação.

"Art. 142. As Forças Armadas, constituídas pela Marinha, pelo Exército e pela Aeronáutica, são instituições nacionais permanentes e regulares, organizadas com base na hierarquia e na disciplina, sob a autoridade suprema do Presidente da República, e destinam-se à defesa da Pátria, à garantia dos poderes constitucionais e, por iniciativa de qualquer destes, da lei e da ordem.".

Como todo corpo vivo este instrumento de extraordinário poder que se manifesta através do Exército, Marinha e Aeronáutica, sofre as mutações e se transforma na conformidade do país continental que é seu torno e seu entorno.

A simplificação dualística de dois entes estranhos e até antagônicos, um mundo civil e um mundo militar é uma concepção teratológica, viciada e distorcida em artifícios que não resistem a uma análise mais profunda.

Dezenas de milhares de fardados, centena de milhares de cidadãos com suas famílias, oficiais, sargentos, praças, marinheiros, pilotos, médicos, engenheiros, os convocados e os aposentados são uma enorme parcela da sociedade que não pode ser compreendida com perspectiva folclórica ou pior ainda, de "milicos" e "paisanos", armados e desarmados que se amam ou se odeiam, segundo variáveis ideológicas, políticas amarradas em episódios transitórios que vão desde o movimento do Marechal Lott numa inclinação de esquerda até Marechal Castello Branco de direita.

Se partimos de padrões totalitários em que as Forças Armadas acabam servindo de guarda pretoriana a interesses oligárquicos, de modelos parasitários em tiranias que são milícias de gangues de ordem criminosa.

"Fuhererprinzip" ou "leadership", a dominância num Direito de Chefe que se estabelece numa hierarquia rígida em que predomina uma obediência cega leva frequentemente, ao mando desumano alheio à disciplina consentida consagrada nos países democráticos.

Durante décadas as Forças Armadas no Brasil têm vivido um dinâmico e progressista intercâmbio dialógico com absoluto respeito à legalidade.

De outra parte tanto no concernente à segurança pública como respaldo quando necessário a situações de crise como aconteceu no Rio de Janeiro, quando do desempenho humanitário das tropas no Haiti ou em dramáticas circunstâncias como agora com hospitais de campanha na pandemia esta é uma evolução natural que neste instante inédito um desafio se propõe à como e quando e quanto as Forças Armadas irão aturar na engrenagem de reposição do país à sua existência econômica, política, cultural.

Talvez este enigma seja o contraponto do enigma que a civilização vai desvendar; o caos selvagem da degradação ou uma solidária superação de todos os obstáculos para a comunidade trabalhando em paz, na justiça social.

Blog do Fausto Macedo. *O Estado de S. Paulo*, 20 de maio de 2020

BOLSONARO, O CORONAVÍRUS E O FUNCIONAMENTO DO PODER CENTRAL NO BRASIL

Historicamente, o funcionamento das estruturas de poder no Brasil se constituiu a partir de uma premissa baseada na sustentação do poder central pelos poderes regionais, de modo que, a manutenção ou a destituição do chefe de governo e de Estado, sempre foi dependente de sua habilidade em lidar com as demandas provenientes dos poderes locais.

Tal contexto, foi o que permitiu a manutenção da unidade territorial brasileira, a medida em que as revoltas regionais eram apaziguadas com violência, ao mesmo tempo, em que se buscava uma pacificação mediante o agrado das elites das unidades federativas, para que assim, o poder central pudesse se alicerçar em uma estrutura pela qual todos se beneficiavam.

Por outro lado, quando o poder central deixava de atender as elites regionais responsáveis pela sua sustentação, os representantes dessas elites, muitas vezes se juntando a interesses internacionais, passavam a conspirar pela derrubada do chefe de Estado, de forma a estabelecer uma nova liderança que pudesse manter as mesmas premissas de privilégios e garantias em favor desses grupos.

Ressalta-se, que essa realidade se trata de algo que é possível de ser verificada desde o Império, quando, por exemplo, houve a abolição da escravatura. Nesse caso, a medida em que o poder central contrariou os interesses regionais, que buscavam manter a escravidão, abriu-se a possibilidade de um golpe de Estado que culminou na proclamação da república em 1889.

Com a queda do imperador e a instituição da república dos oligarcas, a estrutura de poder do país passou a ser conduzida pela chamada *política do café com leite*, em que dois grupos regionais, baseados nas elites de São Paulo e Minas Gerais, passaram a liderar os grupos locais na sustentação do governo central. Nesse período se tem também a instituição da chamada política dos governadores durante a presidência de Campos Sales e o fortalecimento da elite coronelista da região Nordeste, que se tornaram cruciais para a estruturação do poder central, que em troca, garantia a manutenção das velhas práticas de exercício do controle local.

Com o advento de Getúlio Vargas ao poder, em 1930 e o fim da chamada república velha, a perpetuação de tal lógica encontra-se presente, de modo que somente após a derrota dos paulistas na fracassada tentativa de contragolpe ao poder central em 1932 (que muitos ainda insistem em chamar de revolução constitucionalista), é que Getúlio se consolidou na presidência e conseguiu acalmar os ânimos dos poderes regionais, o que foi crucial para o exercício de suas funções enquanto governante.

Observa-se, que com a redemocratização de 1946, e até mesmo com o golpe de Estado de 1964, a premissa de sustentação do poder central nos poderes regionais não se alterou, tendo mudado, talvez, a forma com o que isso se organizava, mas sem modificar a essência de que o chefe do Executivo somente se mantinha se as elites locais lhe dessem suporte. A própria manutenção do Congresso Nacional durante a ditadura, para além de buscar uma aparência democrática, já que a democracia real não existia, era uma linha de comunicação com as estruturas regionais de poder.

Após a ditadura militar e o processo de redemocratização pactuada que culminou no advento da Constituição de 1988, os presidentes eleitos sempre respeitaram essa estruturação de poder, buscando distribuir funções governamentais que agradassem e atendessem os mais variados grupos das elites regionais. Assim é o que se verifica desde o governo Sarney até o governo Temer, incluindo-se a presidências de Fernando Henrique Cardoso e Lula.

A importância dessa forma de condução governamental se exibe de forma evidente, ao se analisar, por exemplo, a própria queda da presidenta Dilma Rousseff, que ao se mostrar incapaz de impedir os avanços da operação Lava Jato, cujos interesses subterrâneos que a conduziu serão melhores estudados no futuro, acabou minando a possibilidade dela própria de rearticular seu governo e impedir o impeachment, que foi instaurado de forma bastante controversa. Vale lembrar, que a operação Lava Jato, praticamente, estabeleceu um cerco em relação a todos os grupos ligados a partidos políticos aliados do então governo, de modo que, tais aliados eram exatamente os representantes dos grupos regionais, que são imprescindíveis para a sustentação do poder central. Quando viram que Dilma Rousseff estava incapacitada em agir, acabaram por derrubá-la por meio de um impeachment, que se baseou em uma infração menor de natureza contábil, sem que o crime de responsabilidade fosse claramente apontado.

No caso de Jair Bolsonaro, essa premissa estruturante de poder ainda se encontra em vigor, o que se mostra como algo a ser observado, pois, a medida que a crise da pandemia global do coronavírus avança no país, avançam também os desgastes entre os governos locais representados pelos governadores e o comando central na figura do presidente. Observa-se, que o contexto atual retrata uma situação que, caso venha a se agravar e seguir a lógica histórica do país, poderá resultar na queda do presidente Bolsonaro. Isso porque, com a progressão da pandemia do coronavírus e a insistência do presidente da república em aplicar medidas contrárias a ciência e a razão, o isolamento do chefe do executivo se torna cada dia mais claro, inclusive em relação a setores militares que o apoiaram.

Sem a sustentação dos poderes regionais, Bolsonaro não terá condições de continuar na presidência, abrindo-se espaço para a reorganização da política tradicional, que nunca deveria ter sido condenada como foi, ou, caso contrário, para a volta e consolidação dos militares ao poder, situação esta, que seria preocupante.

Ocorre que, Bolsonaro jamais será capaz de visualizar tal contexto. Mesmo porque, falta-lhe dimensão intelectual de análise, para, como parece desejar, conseguir se perpetuar no poder. Se teve de fato, como muitas vezes aparentou, o interesse de implementar um regime autoritário, Bolsonaro, para nossa sorte, perdeu a chance, pois nada mais vantajoso no tocante àqueles que possuem sentimentos antidemocráticos do que aproveitar de uma pandemia para tal fim, como por exemplo, vem acontecendo na Hungria com Viktor Orbán. Por outro lado, se os seus rompantes autoritários são apenas fachada, para agradar a parcela fanática do seu eleitorado, Bolsonaro também não estaria atuando de forma inteligente, pois, as instituições vão acabar barrando suas intenções, reduzindo seus poderes até que o resultado disso, seja a sua destituição.

Cabe destacar que a eleição de Jair Bolsonaro não se deu por situações que poderíamos chamar de circunstâncias típicas, mas sim em decorrência de fatores atípicos, que se estabeleceram após o clima criado no país em razão da aliança de setores da mídia com um grupo obscuro de autoridades de Curitiba, pela qual, com argumentos simplistas de um embuste justificado por um certo "combate à corrupção", propagou-se um discurso de ódio à política e, principalmente, aos partidos de esquerda. Ao criminalizarem a política, estavam abrindo as portas para posições extremistas, que, na exaltação da ditadura militar, saudava torturadores, assassinos e tudo aquilo que representasse o aniquilamento de ideais que não fossem compatíveis com a enfermidade do ódio. Sendo fruto dessa circunstância, a eleição de Jair Bolsonaro se concretizou quase que naturalmente, com eleitores que passaram a manifestar todo o ódio que se encontrava enrustido na sociedade, ao mesmo tempo que se mostravam ávidos por soluções mágicas na economia, ainda que o candidato vencedor não tivesse qualquer proposta sólida.

Como decorrência desse contexto, Bolsonaro, que nunca se destacou como parlamentar ou membro das Forças Armadas, após ser eleito, continuou atuando, com uma coerência monstruosa, no âmbito da política rasteira, focada em práticas eleitoreiras e na disputa com possíveis adversários, que passam a ser tratados como inimigos. Por esse motivo, Bolsonaro nunca conseguirá ter uma visão de Estado, e muito menos de estadista. Falta a sua pessoa, capacidade intelectual e cognitiva para entender os meandros que envolvem as grandes questões da nação. Juntamente com isso, falta-lhe capacidade de compreender o país e, consequentemente, as jogadas de poder.

Tendo caído quase que por acidente na presidência da república, após transformação do país em um verdadeiro programa policial, com a temática única de combate a corrupção, de forma a estimular um antipetismo doentio, Bolsonaro ainda se comporta como aquilo que sempre foi, ou seja, membro do baixo clero da política. Por essa razão, dificilmente, com o avanço da crise pandêmica, haverá mudanças em seu comportamento, o que resultará no agravamento da situação que será estendida aos aspectos políticos, mediante, conforme já vem ocorrendo, a perda daquilo que é essencial na manutenção da unidade do país, que é o alicerçamento do poder central no apoio das elites regionais.

Como resultado de todo esse processo, a presidência de Jair Bolsonaro se mostra ameaçada, tendo em vista que não consegue atender as demandas que surgem em razão dos problemas que se apresentam. Mesmo porque, com a pandemia do novo coronavírus, (ou melhor dizendo, do COVID-19) e as sequelas que naturalmente se verificam, como aquelas provenientes dos prejuízos de ordem econômica e de natureza psicológica, além, claro, daquilo que é incomparavelmente mais grave, que são os danos oriundos das perdas de vidas humanas, os que hoje batem panela, enfurecidos com as leviandades que são propagadas no discurso presidencial e com a falta de propostas robustas para a sociedade, talvez, nesse momento, uma parcela deles possa ver, o que de fato representa o desmerecimento do cargo mais importante do país, ao elegerem um sujeito tão despreparado para conduzir a nação.

Mais trágico do que a tragédia do coronavírus, foi a necessidade de uma pandemia, para que muitos pudessem enxergar, que não se brinca com o futuro de um país, acreditando-se em falsos "messias" ou salvadores da pátria. Ironicamente, a pandemia atual, pode ser a forma com que a sociedade descubra a cura da doença anterior causada pelo ódio sem limites, que já estava alastrada, de forma mais intensa e disseminada do que o vírus que vem preocupando a todos. Pode-se dizer, que com o coronavírus, a tragédia chega ao seu extremo, e isso ocorre, mesmo antes da doença se manifestar nas favelas ou em relação aos moradores de rua, que ao contrário das celebridades e da classe média alta, não poderão ficar em casa fazendo vídeos e contando experiências.

Jair Bolsonaro não é a causa da doença social passível de ser diagnosticada pela racionalidade e o bom senso, contudo, é, talvez, seu sintoma mais grave, e por essa razão, o ódio e a intolerância alicerçada no discurso presidencial expõem, sobretudo, a decadência de uma nação, que já não tem a intenção de ser liderada por estadistas, que já não diferencia posições políticas de posições institucionais, e que por esse motivo, permitiu que um grupo contrário ao contrato social pudesse ascender ao poder e assim pregar tudo aquilo que elimina a possibilidade de um cenário democrático, onde prospera a exposição de ideias divergentes. A conclusão disso, é que nos encontramos em uma situação extremamente séria, pois, diante das circunstâncias, a figura simbólica de Bolsonaro se transformou em um dano maior do que ele próprio no exercício da presidência, de modo que sua queda, que se tornou uma possibilidade real, poderá implicar na solução de inúmeros problemas, mas ao mesmo tempo, poderá significar, a inauguração de uma era que será desencadeada em graves distúrbios sociais e institucionais.

Está ponderação convida a posições que respeitem a Constituição evitando conflitos capazes de ameaçar a integridade nacional e por outro lado garantindo os princípios democráticos e os direitos humanos.

Com *Murilo Naves Amaral*, advogado e professor de cursos
de graduação e pós-graduação em Direito.
Jornal *GGN*, 11 de abril de 2020

FALÊNCIA DO REGIME HÍBRIDO NO IMPASSE CONSTITUCIONAL

Se no Império o regime parlamentarista correspondeu ás demandas da sociedade brasileira já nele os dois partidos, Conservador e Liberal, antecipavam os canais de progressismo e tradicionalismo que imperam desde sempre na política moderna, se agudizando nos momentos de crise.

Com a proclamação da República em 1889 na qual o Exército bem como forças da nacionalidade em fermento como a Igreja e a maçonaria se instaura o regime presidencialista que se consagra na Constituição de 1891.

A concentração na figura do Presidente de poderes quase ilimitados passa a ser a constante com as turbulências, historicamente, marcantes do presidencialismo que até hoje se estabelece.

País continental, o argumento a sustentar esta realidade sempre é a importância de uma aura carismática na chefia da Nação multifacetada, evitando a fragmentação, sempre um fantasma no inconsciente coletivo.

Em 1961, após a renúncia do presidente Jânio Quadros, um mistagogo com tendências autoritárias e diante da hipótese de assumir o vice-presidente João Goulart (eleitos numa chapa Jan-Jan), as forças de esquerda e direita radicalizadas acabam por aceitar uma espécie de pacto consensual: a posse de Jango, de origem populista do varguismo, mas Tancredo Neves como primeiro-ministro, do então PSD que reunia as forças hoje situadas no espectro ideológico do centrão.

Este arranjo juridicamente termina em 1963 e sucessivas crises que acabam culminando com a ruptura constitucional de 1964.

Com o fim do regime militar em 1985 o antigo regime volta com José Sarney.

Num salto histórico a eleição de Jair Bolsonaro, que sucede a Michel Temer, de certa forma a repetição do processo de queda com Dilma Rousseff, o país entra numa zona de turbulência que avassala a sociologia em dramáticas semelhanças como por exemplo a República de Galeão e a Operação Lava-Jato.

Tudo afunilando hoje num regime híbrido em que Bolsonaro alega ter o poder, mas cuja caneta não consegue nomear o chefe da Policia Federal.

O hibridismo ambíguo em plena crise duma pandemia que paralisa a economia do país, em que o governo oscila entre os 3 poderes numa governança erradia, se impõe a questão: como o velho Raul Pila advogava, pode o parlamentarismo talvez resultado de um plebiscito restaurar a harmonia indispensável para superar a crise?

Jornal GGN, 04 de maio de 2020

O DIA EM QUE O BRASIL PERDEU UMA ELEIÇÃO

O perigo dos governos frágeis é a sua própria fragilidade, pois se deixam seduzir por soluções de força diante de crises. Jair Bolsonaro é vulnerável por sua formação política híbrida, não sendo militar, eis que abandonou as fileiras do Exército num momento privilegiado, patente de capitão. De outro lado não incorporou a condição do político que por definição é alguém que transige e negocia. Isto explica suas idas e vindas, ambíguas entre o autoritarismo e o populismo. Acaba sendo o mistagogo clássico latino-americano, vamos traçar um contraste.

A importância da defesa do federalismo, do respeito mútuo entre os poderes e a promoção dos direitos e garantias individuais, sempre foram a marca registrada do coautor da Constituição da Primeira República.

A primeira campanha moderna para a presidência da República em 1910, foi nossa grande derrota na figura emblemática de Ruy Barbosa de Oliveira. Um dos maiores juristas da nossa história, inaugurava uma nova maneira de se fazer uma campanha presidencial, através de discursos e comícios em busca de apoio popular, e que ficou conhecida como "campanha civilista" inédita e grandiosa.

Foi um marco inicial em que a busca pelo respeito à Constituição estava designada a falhar, a sempre polêmica contagem de votos deu o destino de nossa Nação ao presidente militar Hermes da Fonseca, sobrinho do Marechal Deodoro da Fonseca, nosso primeiro presidente.

Histórico, e de extrema atualidade e relevância, o legado de Ruy Barbosa, que destacava a importância da manutenção da separação dos três poderes e a importância de sua convivência harmônica, de tempos em tempos, sua célebre frase é lembrada de forma a se destacar com triste tom atual "A pior ditadura é a ditadura do Judiciário. Contra ela não há a quem recorrer".

O presente clima de hostilidade entre os poderes fica claro quando chega ao clamor de se suscitar um Poder Moderador, inusual, que nos remete aos tempos de Império.

O extremismo, esquerda-direita, manifestações pró e contra governo, a vontade incansável de um poder se sobrepor ao outro e a falta de manutenção de competência de função de cada poder, nos trouxe a um grave impasse institucional, que tem como solução por mais paradoxo que possa ser, a simples, mas complicada harmonia entre os Poderes.

Nossos ex-presidentes vêm se manifestando diariamente sobre a importância desta harmonia e as possíveis implicações se desrespeitada. Num um ato histórico do ex-presidente Fernando Collor, que sofreu um processo de impeachment em 1992, se desculpou pelos erros cometidos e avaliou que o motivo de sua queda foi a falta de um bom convívio com o Congresso Nacional destacando que a atual posição do presidente com o Poder Legislativo é preocupante, ponderou "Já vi esse filme e não foi bom". Com bem disse George Santayana "Aqueles que não conhecem o passado, estão condenados a repeti-lo".

Nestas manifestações de ex-chefes de governo, ocupa relevante papel, o ex-presidente Michel Temer que a todo momento fala sobre a importância da unidade nacional, enfatiza que a nos Constituição ao falar em Estado Democrático de Direito, não tratou-se de uma expressão secundada, mas sim de um enfoque ao fim de um poder centralizador e autoritário para uma era de direitos e garantias.

Temer se torna protagonista neste papel da defesa da união dos poderes para vencer a crise. O ex-presidente pontuou de maneira assertiva "Responsabilidade acima de todos. E unidade acima de tudo" em alusão ao slogan da campanha do atual presidente Jair Bolsonaro, mostrando a preocupação em dignificar os poderes em suas funções e limitações, respeitando e vivendo harmonicamente a tríade do poder.

O fato é que diante do momento de crise e instabilidade, valem as palavras daquele que deixamos de eleger, mas cuja lições e memórias muito nos servem aos dias de hoje, "A verdade não se impacienta porque é eterna", Ruy Barbosa.

Civil é civilizar, mesmo que se militante, militar.

Jornal *GGN*, 10 de junho de 2020

O RISCO DA MONARQUIA REPUBLICANA

A origem é viciante eis que Portugal montara nos "tristes trópicos" uma cena de Paris suburbana para além da espoliação da terra corresponder aos esplendores artificiais e megalomaníacos de sua Corte.

E não por acaso Ipiranga servindo no pano de fundo D. Pedro I inaugura um modelo que resiste à todas turbulências, as mais inacreditáveis. Mais tarde, muito mais tarde, a musiquinha contagia a população: "Mas que Rei sou eu, sem reinado, nem coroa?".

Como nem sempre a realidade se curva a vã fantasia, D. Pedro II, culto, erudito, poliglota, humanista se auto-limita como uma espécie singular e é "presidente da monarquia". O país pilhado na cocaína da onipotência e do fausto poder, não suporta o reducionismo estratégico da realidade política.

Repetindo o gesto teatral operístico de D. Pedro I, o Marechal Deodoro proclama a "República" que é partejada com a soberania, centralização, ego-centralidade.

A fundação é dum monstrengo constitucionalista, a República monarquista. Esta a herança que inviabiliza a democracia neste Brasil órfão dum consenso transacional que é a base do desenvolvimento civilizado da modernidade.

Aos trancos e barrancos se sucedem os conflitos entre o pacto escrito – as Constituições que nos afirmam republicanos, na ambivalência fática entre presidencialismo e a alienação do Rei-ditador-mistagogo. Vão se desenrolando, de forma devastadora, as personalidades da cidadania que promete o sonho da Revolução Francesa, liberdade, igualdade, fraternidade e a sedução napoleônica do Imperador sem Império com as consequências registradas capítulo por capítulo, até agora que A FALTA DA ESPADA É SUPRIDA COM A CANETA BIC.

O reinado de Getúlio Vargas que se inicia com o paradigma revolucionário incendiando a imaginação igualitária, termina no desfecho do suicídio do "capo di capi" com a Corte de malabarismos à esquerda e direita, dos cambalachos, corrupções, Estado híbrido que os arroubos ditatoriais promovem dos sucessivos desgovernos, renúncia, impeachment, ditadura, paralisia da máquina governamental, abortos de toda sorte se replicam.

Porque, infelizmente, este impasse constitucional, de presidente-imperador, se replica, país afora, em cada estado, cada município, cada instituto, cada universidade, até o policial de plantão ou o síndico do prédio.

"Sabe com quem esta falando", a carteirada esconde o complexo de inferioridade da crise de identidade. O sujeito sai dos rincões e se imagina em Versailles, ungido pelo Senhor dos poderes que um sangue azul não aceita vermelho com pânico, na pandemia de aceitar que a Vida e a Morte nos informam que somos todos iguais perante a Lei se não dos homens, da natureza ou de Deus, conforme a bênção que a humildade deserta nos que acreditam todos poderosos, mas que acabam, uns na cadeia, outros no esquecimento, fugindo do Palácio, outros sabe-se lá como o Destino vai decretar.

Jornal *GGN*, 04 de julho de 2020

POLICIA FEDERAL SUBORDINADA, MAS NÃO SUBSERVIENTE

Respeitante a observância do estrito princípio legal a direção da Policia Federal como aliás todos os órgãos do Poder Executivo dependem da orientação e confiança do Presidente da República, supremo mandatário.

Acontece que neste momento vivemos um instante dramático em que somadas todas as circunstâncias o exercício desta realidade está posto sob crise e suspeita.

O Ministro da Justiça Sergio Moro abandonou a mais extraordinária carreira de juiz, consagrado na chamada Operação "Lava Jato", com um rígido programa moral contra a corrupção no sistema político brasileiro aceitando o cargo de Ministro da Justiça do governo do presidente Jair Bolsonaro.

Sem historiar fatos que são de conhecimento público que caracterizaram a relação entre o Presidente e seu ministro o fato é que desde o início surgiram conflitos de estilos, conteúdos e objetivos divergentes entre ambos como afirmou o próprio Ministro da entrevista em que se despediu do cargo de maneira traumática. Esta divergência já estava escancarada em sucessivas declarações que beiravam provocações (fritar) que o presidente endereçava nos últimos dias ao ministro.

Tentando compreender o alcance e a gravidade do impasse podemos desdobrar o episódio da seguinte forma:

Urge que a Polícia Federal e isto vem sendo debatido inclusive com episódios semelhantes do FBI americano tenha uma autonomia que resguarda uma conduta moral acima de interesses políticos e partidários.

Inquéritos, investigações, procedimentos referentes a familiares do presidente Jair Bolsonaro estariam segundo salta das entrelinhas da entrevista do Ministro Sergio Moro atrás da conduta do atual diretor da Polícia Federal e da decisão do presidente Jair Bolsonaro de indicar um delegado de sua estrita confiança que lhe desse acesso a relatórios e documentos reservados, secretos, confidenciais.

Numa situação de normalidade isto seria óbvio. Infelizmente denúncias e suspeitas colocaram em dúvida a impessoalidade do presidente na indicação do novo delegado. Isto dito com todas as letras pelo Ministro Sergio Moro toma quase a relevância de "notícia crime", mais pelo que sugere do que pelo afirma.

Finalmente uma mudança de titular que deveria ter o caráter de mera substituição administrativa levanta diante de um país arrasado por uma quarentena catastrófica em termos sociais, econômicos, psicológicos e políticos um cenário pessimista.

A conjuntura com envolvimentos familiares que levaram aos acontecimentos culminando com o suicídio de Getúlio Vargas e o afastamento de Collor lembram autênticas tragédias que feriram nosso passado e podem machucar nosso futuro.

Jornal *GGN*, 24 de abril de 2020

RASGAR A CONSTITUIÇÃO FRATURA O PAÍS

Quando se invoca o conceito de Carta Magna se espalha uma lei que protege o cidadão, o Estado democrático de Direito, mas antes e acima de tudo o que assegura o reconhecimento jurídico da Nação. Dai seu artigo 5º com seus direitos fundamentais assegurados.

E deste documento que tem o caráter unificado derivar as ilações de cláusulas pétreas. De certa forma quanto mais uma Constituição se incorpora à história dum país mais estáveis suas instituições e maior segurança à sociedade.

Coincidindo com sucessão de crises que se desdobram desde o impeachment da presidente Dilma Rousseff o fato político-partidário e ainda mais ideológico é a divisão da opinião pública polarizada entre visões de esquerda e direita, na tradição dos movimentos políticos brasileiros.

Como resultado dos embates a eleição de Jair Bolsonaro, e logo em seguida a eclosão da pandemia da Covid-19, provocando milhares de mortes, o derretimento do sistema de saúde já sucateado, a quarentena desmontando toda a estrutura da Economia nacional, desenha-se um quadro sombrio que exigiria uma união nacional para superação da tragédia.

Mas o que se constata é um esgarçamento vertiginoso do pacto federativo, Constituição Federal com conflito entre os três poderes e governadores, prefeitos atordoados com impulsos totalitários ameaçando a população com imposição estrambelhada de medidas de efeito discutível para debelar a crise sanitária, porém violando preceitos constitucionais como a liberdade de ir e vir, garantias fundamentais, uso obrigatório e generalizado de máscaras tudo com linguagem, formatação, e recursos fascistas, invadindo a privacidade pessoal, no controle de celulares, critérios amalucados de uso de equipamentos para a preservação da vida e principalmente, na figura do governador de São

Paulo atitudes de enfrentamento que obviamente visão sob pretexto de isolamento social encarcerar a cidadania.

A doutrina de prender para salvar vidas não resiste à constatação do desemprego em massa, a quebra do parque industrial e a imposição de paranoia coletiva.

No mal encoberto embate entre o presidente Bolsonaro e o governador Doria não se pode admitir aquilo que o governador Leonel Brizola antecipava quando levantava a suspeita de interesses internacionais em arruinar o Brasil, economicamente.

Já se fala na divisão entre Centro e periferia na estatística macabra dos enterros, UTIs de ricos e pobres, Norte e Nordeste com políticas diferentes de privilégios e sofrimentos em relação ao Sul e Sudeste.

Agora o que se deve preservar é a nação com o povo exercitando os direitos inscritos na Constituição. Este é o papel dos três poderes sem regimes de províncias com pequenos tiranos na expressão de Carlos Castaneda aterrorizando o ser social.

Jornal *GGN*, 08 de maio de 2020

TRÊS PODERES IMPOTENTES, AUTONOMIA COM HARMONIA

Os sucessivos conflitos entre os três poderes da República, legislativo executivo e judiciário marcam a história política brasileira nas últimas décadas.

Impeachment, renúncia, suicídio, golpes são o sintoma manifesto de um sistema anti-sistêmico em que um dos países mais poderosos por sua população e recursos naturais do mundo fica à mercê de um regime oligárquico em que alguns grupos monopolizam a riqueza sobre a indigência, através da corrupção, da manipulação midiática e da força.

Cabe aqui lembrar Sampaio Doria "o chefe de Estado ou é o rei hereditário e perpétuo, cuja vontade decrete e execute as leis, ou é um caudilho que, usurpando ao povo a soberania, decrete como poder pessoal as leis que execute, ou mande executar. Um e outro, onipotentes e irresponsáveis. Os governados estão paralisados e sem voz, sob o jugo sem partilha do déspota, coroado ou sem coroa".

O povo na ânsia de sobreviver pelos canais políticos duramente, conquistados estatue a Constituição com os braços distributivos de Poderes que devem se entender de forma autônoma com harmonia.

Mas, infelizmente, a ganância desenfreada que almeja a onipotência implica na impotência.

Quanto mais o Legislativo invade o Executivo exigindo cargos, favores, funções, o Executivo castra o STF e este, por sua vez se pretende soberano sem limites, mais e mais os três poderes se paralisam no instante dramático em que milhões de pessoas estão encarceradas, sem trabalhar, estudar, transitar, enfim viver, na conformidade de uma estratégia para enfrentar terrível pandemia que ceifa o futuro da nação.

Aliás uma estratégia que invoca as tendências ditatoriais de tiranetes confusos e violentos que se apoiam na política de uma O.M.S. que por definição, corre desvairada atrás de uma virose que desnudou a falência de TODOS os sistemas de saúde contemporâneo em todo o mundo.

Inapetentes sim, inapetentes para o exercício civilizado, dialógico de poderes que precisam se ajustar o que resta à pretensão megalomaníaca de alguns que se acreditam donos do destino do Brasil.

A compreensão no socorro de Marcuse, o início da civilização, fundação do governo do pai sobre os filhos.

Sem que isto signifique a única saída, as palavras de Felipe Ramirez: "O parlamentarismo é cortesia cívica, tolerância, discussão pública, tradição; é, pois, sistema exótico em regimes de caudilhagem".

Jornal *GGN*, 13 de maio de 2020

CRIME DE ÓDIO E O DESEJO DA MORTE

O Direito, principalmente, no concernente ao campo criminal, busca e investiga na preterintencionalidade, o Desejo da ação para o ajuizamento do fato, sua textura para correta avaliação do seu efeito social.

Para tanto o entendimento das causas, das origens exige a análise das emoções conjugada com a lógica das razões.

Desde a delegacia de policia nos passos iniciais do inquérito até as duvidas e discussões profundas doutrinárias e correntes jurisprudenciais, na bipolaridade clássica dos sentimentos, Amor e Ódio vão se apresentar com nuances, complexidade e, principalmente, ambiguidades.

No desenvolvimento científico tanto da Medicina Legal quanto da Psicologia Jurídica vamos, por isto, encontrar farto caleidoscópio para compreender o crime designado, contemporaneamente, como de Ódio.

Temos assim numa configuração que toma contornos nítidos, principalmente, a partir do século XX deste fenômeno brutal que atinge indivíduos e grupos sociais, étnicos, religiosos, nacionais, minorias, ideológicos, enfim toda a amplitude que na contrapartida lúcida e humanista é vista como o DIREITO À DIVERSIDADE.

Sim, porque é disto que se trata na exclusão que se manifesta por discriminação sutil até a morte. Sentimento tão furioso no pulsional capaz de promover massacres coletivos e até o genocídio.

Historicamente, contra negros, judeus, homossexuais, mulheres, mas com pretextos e raízes as mais idiossincráticas que a imaginação pode corresponder.

Com especificidades paranóides, fóbicas, temos as chamadas "caça as bruxas" que se escoram por exemplo na execração pública pelas chamadas "fake news", o "bode expiatório", vítima da frustração coletiva, do rancor da multidão.

Esta exploração do ódio, alquimicamente, puro e injustificável, irracional, é o um traço da chamada necrofilía, o desejo de morte, o impulso destrutivo e, inclusive, muitas vezes, autodestrutivo, chegando até ao suicídio.

A perda de controle no convívio social é o caldo-de-cultura que transforma o crime de ódio, hoje, num dos principais fantasmas da barbárie que ameaça a civilização.

Cabe ao sistema jurídico-penal encontrar cada vez mais recursos tanto preventivos quanto punitivos para disciplinar, coibir e impedir que este crime não possa se esconder na apologia atrás da liberdade de expressão.

Há que se distinguir entre o direito à manifestação das ideias e conceitos plurais e a exclusão do Outro, do diferente, em geral do mais vulnerável ao poder destrutivo da raiva mortífera que no Cainismo, o fratricídio original marcou a fabulação do extermínio daqueles que se tornam vítimas inocentes do desejo de matar.

Migalhas, 15 de julho de 2020

FRAUDE INTELECTUAL NA CLÁUSULA DE NÃO CONCORRÊNCIA

Supõe-se na contratação de trabalho, de serviço o princípio de lealdade que garante elementos fundamentais de Ética, tais como sigilo de negócios e informações, redes de relacionamento com clientela, estrutura interna da empresa, enfim um rol precioso que demanda confiança e propícia um repertório importante que tem óbvio valor de mercado.

A propósito o CADE (Conselho Administrativo de Defesa Econômica), estabelece o conceito esclarecedor que ajuda a dirimir dúvidas quando entende como útil as cláusulas de não concorrência desde respeitados limites de temporalidade, e espaço, guardando relação objetiva com o mercado relacionado.

Hoje no ambiente criado pela revolução digital e a sofisticação na disputa acirrada por resultados financeiros, cada vez mais surgem os conflitos oriundos de comportamentos em que a má-fé, preterintencionalidade de ganhos fáceis por meios ilícitos esparrama um tecido tortuoso que agride a obrigação moral de não-concorrer com quem contrata, abre seus segredos, oferecendo oportunidade e eventual acesso a informações privilegiadas.

Ora este serviço é precioso, resultado de investimentos de natureza patrimonial, intelectual, esforços que significam potencial de lucros, status e na contrapartida prejuízos, derrocada da vítima eventual do contratado inescrupuloso.

Fique consignado que deve prevalecer para o desenvolvimento econômico da sociedade, soberano, o princípio da livre-concorrência.

Para que este princípio saudável sob todos os aspectos de modernização e qualificação da Economia, urge aprimorar os mecanismos de defesa contra aqueles que violam as regras fundamentais da convivência harmônica entre os seus interesses pessoais e a manutenção do respeito ao direito que tem que ser reservado ao contratante que depositou confiança irrestrita ao acesso de informações privilegiadas que são propriedade exclusiva da empresa, eis que não podem ser compartilhadas com intuito de lucro fácil se enquadrando tal atitude no crime de concorrência desleal, prevista no artigo 195, inciso XI da Lei nº 9.279/96 que regula direitos e obrigações relativos à propriedade industrial, que penaliza quem "divulga, explora ou utiliza-se, sem autorização, de conhecimentos, informações ou dados confidenciais, utilizáveis na indústria, comércio ou prestação de serviços, excluídos aqueles que sejam de conhecimento público ou que sejam evidentes para um técnico no assunto, a que teve acesso mediante relação contratual ou empregatícia, mesmo após o término do contrato".

Todo jogo de negócios deve partir do prévio afastamento da malversação da coisa privada, de caráter de intimidade empresarial.

Privilegiar o "gentleman agreement" é uma exigência de apurar na Economia brasileira tão seduzida por fórmulas ilícitas de "golpes" que ferem a dignidade da condição humana, significa uma dupla realidade jurídica em que as cláusulas não são excludentes, pelo contrário, são complementares: flexibilização da concepção de livre-concorrência e rigidez nos princípios subjetivados nos atos de compromisso com a estrita lealdade ao rigor do respeito à propriedade integral do conhecimento e das relações como riqueza intransferível pelo cometimento de artimanhas que são criminosas na essência e no resultado.

Finalmente, atenção prestadas ao denominado "não-aliciamento" que acontece em diversas modalidades.

A liberdade de exercício do trabalho é uma garantia constitucional presente no artigo 5º, inciso XIII, mas não pode servir de escudo para acobertar o comportamento antiético que visa prejudicar a própria ordem econômica preceituado na referida Carta Magna.

Migalhas, 29 de junho de 2020

MEDIAÇÃO NOS CONFLITOS CONTRATUAIS DURANTE A CRISE PANDÊMICA

Urge destacar que no atual momento de crise sanitária que vivemos pela proliferação do Covid-19 que se reflete em uma debandada econômica jamais vista, há de se destacar o número expressivo de descumprimento de contratos e dívidas, o que está ocasionando diversas diferenciações nas sentenças proferidas, não havendo um senso comum, ficando à deriva do acaso a judicialização dos conflitos.

Como é notório, por conta do estado de calamidade reconhecido pelo Decreto Legislativo nº 6, de 20 de março de 2020 e da emergência de saúde pública de importância internacional decorrentes do COVID-19, a caracterizar força maior, e seus efeitos negativos concretos na economia, casos em que se utilizam os termos do artigo 305 e seguintes do Código de Processo Civil, no que tange a tutela antecipada, como forma de salvaguarda da manutenção individual de garantia mínima financeira é crescente a necessidade de soluções criativas.

Diante da absoluta imprevisibilidade dos fatos recentes que acarretaram a suspensão indefinida das atividades profissionais de autônomos e microempresas, trazendo a triste impossibilidade de arcarem na íntegra com o formato de normalidade que se deve as questões contratuais antes da pandemia.

A Mediação e as diversas alternativas extrajudiciais de conflitos se tornaram mais do que vantajosas, mas de extrema necessidade para se manter a ordem econômica, visando a solução da problemática atual da melhor maneira possível aos fornecedores, contratados e dezenas de famílias que dependem de sua saúde financeira para seu sustento.

Não se trata apenas de vantagem de ordem a transitar com maior fluidez processual, mas o interesse na mediação de conflito, para muitos casos é a única forma acessível para a resolução da lide.

Diversas são as decisões em todo o âmbito do Judiciário que refletem o impasse em que vivemos, um evento extraordinário, de amplitude global, inevitável e imprevisível que deve ser combatido com o diálogo, a boa fé e o entendimento eis que se não houver maior consenso entre as partes conflitantes o resultado será catastrófico no sentido da séria repercussão negativa na subsistência de empresas e famílias.

O Judiciário é unânime ao decretar a situação única e que movidos pela sensibilidade transitória, devemos ter nesse momento para acalmar a sociedade como um todo, exemplos não faltam: a portaria n. 188 do Ministério da Saúde declarou estado de calamidade pública por conta da pandemia Covid-19. O Estado de São Paulo, por meio do Decreto nº 64.881 também nesse mesmo sentido decretou quarentena em todo o território da unidade da federação de maneira excepcional, assim como Conselho Nacional de Justiça se manifestou nesse sentido com a recomendação que garante a importância do plano de recuperação, com medidas para que os Juízos considerem a ocorrência de força maior ou de caso fortuito.

Evidencia-se a ocorrência de força maior, tornando imprescindível a tomada de soluções alternativas para relativizar um mal maior no plano de recuperação econômica.

Credores já estão tendo suas dívidas suspensas e renegociadas com o entusiasmo vindo dos próprios magistrados, ajustes e novos planejamentos devem servir de base para iniciar a negociação em âmbito mediador, um exemplo são os inúmeros casos de protestos que estão sendo encaminhados, medida que, na excepcionalíssima situação, se mostra absolutamente arbitrária, demonstrando inexplicável falta de sensibilidade a tudo o que está acontecendo no país.

O artigo 393 do Código Civil estabelece que o devedor não responderá pelos prejuízos resultantes de caso fortuito ou força maior, se expressamente não se houver por eles responsabilizado e, complementarmente, o parágrafo único traz a previsão de que este instituto somente é aplicável se os efeitos dele decorrentes forem imprevisíveis e inevitáveis. Obviamente os credores não podem ser prejudicados, o que também demandaria uma descompensação na ordem econômica, não restando alternativa mais sensata do que a conciliação.

Oportuno destacar que em 2010, quando da epidemia de H1N1, houve entendimento dos tribunais brasileiros de que o evento se inseriu como sendo, nos termos do ordenamento jurídico pátrio, de força maior.

Diante disso, a mediação de conflitos, seja na seara contratual, consumerista ou de demais naturezas é medida que se impõe, diante do excepcionalíssimo momento em que se encontra a sociedade, em privilégio à boa-fé contratual, manutenção de empregos, princípios da preservação da empresa e da fonte produtora de serviços e mercadorias, como forma da mais lídima justiça.

Vivemos tempos difíceis em que a boa-fé, razoabilidade e vontade de conciliar, se torna medida efetiva na contenção de danos de natureza econômica e cívica, a mediação que já era vista como nova ferramenta em busca da pacífica Justiça, hoje se torna fundamental alternativa para novos tempos.

Com *Lucas Vila*, advogado
Migalhas, 01 de junho de 2020

SEGURO GARANTIA JUDICIAL EM AÇÕES TRABALHISTAS

O país vive a mais grave crise econômica de nossa história com as repercussões sociais democráticas de desemprego. Unanimemente o governo e os principais empresários alertam até para a possibilidade de a linha de pobreza se ampliar atingindo milhões de famílias.

Nesta conjuntura o Direito precisa flexibilizar todas as possibilidades de facilitar a injeção de dinheiro na engrenagem financeira da nação.

O encontro de engenharias que possam ordenar transformações criativas deve marcar a atuação do nosso Poder Judiciário.

Nesta ordem de raciocínio recente decisão do Conselho Nacional de Justiça abriu possibilidades de aplicação inteligentes e eficazes, confirmando a possibilidade de substituição de depósito recursal já realizado e de garantia em execução trabalhista por seguro garantia judicial.

Em 27/03/2020 o plenário do conselho do CNJ declarou a nulidade dos Artigos 7º e 8º do Ato Conjunto n. 1/2019 do TST/CSJT/CGJT.

Fica nítido que esta decisão vem de acordo com a demanda da sociedade e tem caráter de resguardo de direitos, torna-se ótimo feito para empresas liberaram capital de giro e assim se fortaleceram em plena crise sanitária e econômica em que vive o país.

Em recente estudo do Ministério da Economia constatou que há 65 bilhões de reais em depósitos recursais reclusos na Justiça do Trabalho que poderiam ser utilizados para capital de giro de empresas de modo que a decisão do CNJ vem referendar demanda econômica de nossa sociedade, que se alinha com as medidas do Governo Federal em estimular a atividade econômica e o desenvolvimento do país.

O efeito prático desta decisão é que a justiça do trabalho não poderá recusar apólice de seguro garantia judicial, apresentada com a finalidade de substituir essas garantias judiciais com base no Ato retro-referido, o que se torna ótimo custo benefício para as empresas, desafogando problemas causados por incertezas jurídicas.

Sem dúvida manter as empresas com capital de giro é uma das respostas que descortinam o novo cenário econômico e social pós-pandemia.

Com *Marcio Chaves*, economista.
Migalhas, 22 de maio de 2020

ABUSO DE AUTORIDADE E A MICROVIOLÊNCIA

A tradição do Poder no Brasil é no conteúdo a estrutura da fragilidade vestida, formalmente, com a truculência e o exibicionismo para compensar a inferioridade moral.

Uma economia que reside em diferenças absurdas de condição de vida, uma das mais escandalosas do planeta, bilionários, com fortunas a mais das vezes forjadas em cima de corrupção e crimes financeiros e de outro lado, miseráveis numa linha de pobreza que se herda na escravidão.

Uma educação atrasada, sucateada, do sistema público em favor de um regime privado que hierarquiza a cultura de massa, predispondo à grupos de controle administrativos voltados para sua autocentralidade.

A saúde da população que com as raras exceções propiciadas por grupos restritos de privilegiados, fica à mercê do desamparo, doença, morte.

Sistemas de comunicação voltados quase que, exclusivamente, ao entretenimento ou a politização simplista, de rara profundidade crítica, diminuindo a competência de participação da cidadania de forma, realmente, democrática.

São esses alguns dos fatores que estabelecera em nosso país uma cultura de microviolência conjugada ao crime, propriamente, dito.

A TV acaba de noticiar um caso exemplar de um cidadão rasgando a multa que lhe foi aplicada por não usar a máscara obrigatória em Santos. O ato, altamente, simbólico, por caracterizar a anedótica "carteirada" que se incorporou ao folclore triste das interações sociais que nos desnudam num genuíno quadro de barbárie circense: "Sabe com que está falando?".

A frase merece decodificação eis que leva ao interlocutor a pecha da ignorância e o "segredo" de uma potência irresistível.

E nesta instância encontramos uma chave do enigma: impotência, onipotência, potencia.

O que distingue, verdadeiramente, a democracia dos regimes totalitários não é a letra morta da Lei. Não basta o decreto, nem mesmo o conhecimento dos direitos como alguns argumentam. É fundamental que todo e qualquer cidadão tenha o mesmo poder de exercer seu direito.

Atualmente, alguns, defender armar a população, ou seja, o indivíduo com um revolver não mão saberia se proteger, teria a autodefesa assegurada.

Esta filosofia teria significado num processo de permanente e completa guerra civil, quando na falência do Estado seria o princípio de "cada um por si e Deus por todos".

E o que o sujeito da "carteirada" executa quando saca sua credencial de "autoridade" como o fálico demonstrativo de superioridade.

Ridículo se não fosse trágico por suas consequências na dor, sofrimento, enfraquecimento da noção de convívio que transforma a horda em pátria.

Um país se habilita em pátria quando "é de todos ou de ninguém".

Como se sentir seguro, sendo mulher, criança, idoso, desempregado, doente, pobre, negro, homossexual, feio, se alguém amparado na riqueza ou posição social, ou força bruta, puder aniquilar sua dignidade e amor próprio?

Artigo inédito

DIREITO UNIVERSAL, ISONOMIA NA TRANSPARÊNCIA

Segredo é instrumento de manipulação de poder em todos os regimes de oligarquia.

A intriga palaciana, o compadrio, as seduções que vão do sexo à corrupção formam o tecido maligno da metástase social.

A recente decisão do STF que impede restrições na Lei de acesso a informação é um passo importante para iniciar uma transformação nos jogos do poder no Brasil. Realmente, se consultamos nossa história constatamos que na macropolítica bem como nas micro-interações sociais, o diz-que-diz, a fofoca e o pretexto do sigilo protegem negócios escusos e violência dos agentes do Estado e até de organizações privadas.

"Isto é matéria reservada", senha e outra para a Senzala. No paternalismo machista – "Isto é coisa de homem", "conversa de adultos", excludente a mulher e o filho.

Daí para o feminicídio ou o filicídio é uma elasticidade mental que acaba infestando o Direito que se arroga no instrumento da Força e não da Ética.

Tivemos um caso clássico que se incorporou à própria narrativa democrática em Minas Gerais. Se conta que o sujeito se aproxima da autoridade e em voz baixa começa a formular um favor espúrio. Ouve que deve falar de maneira audível para que ninguém suspeite de um amor inexistente. "Só amantes sussurram".

Na Rússia czarista um bruxo dado à feitiçarias Rasputim acabou se tornando o modelo para figuras que nos subterrâneos provocam revoluções. Deu no que deu: sexo, droga, crimes intermediavam a administração pública que acaba na quebra da hierarquia, a desmoralização da causa comunitária.

Atrás dos episódios mais dramáticos da nossa história existem segredos não revelados ocultando comportamentos suspeitos que vão dos desvios de dinheiro até assassinatos não esclarecidos.

Quanto mais transparência mais clareza mais responsabilidade mais respeito à Lei.

Inclusive é fundamental a abertura da discussão sobre o conceito do sigilo na proteção de privacidade, intimidade da vida do cidadão.

São dois aspectos que sem complementam: o privado e o público. O respeito férreo à integridade dos direitos humanos, religião, sexo, ideologia e tudo que concerne à personalidade no resguardo.

Pois nesta dupla leitura se organiza, verdadeiramente, o Estado humanizado, e não a tirania hipócrita denunciada por George Orwell da novilíngua.

Artigo inédito

EXECRAÇÃO PÚBLICA E O DIREITO AO ESQUECIMENTO

Em recente e inovadora decisão a Quarta Turma do Superior Tribunal de Justiça, acolheu a tese do direito ao esquecimento de forma unânime, correspondendo a uma demanda historicamente reivindicada pela sociedade: a proteção do individuo diante da censura do Superego coletivo, a serviço de padrões punitivos.

A questão do trato jornalístico que envolve personalidades ou entidades de uma forma sensacionalista, que frequentemente expõe o conflito entre o direito a privacidade e a livre expressão de ideias, são dramáticas pela tênue divisória entre realidades e fantasia. A tese ora consagrada é que ninguém é obrigado a conviver eternamente com uma pena de abuso do enfarto de sua identidade, já tendo a pessoa sofrido ilegalmente invasão das vísceras de sua intimidade, com a execração pública (pena esta utilizada em tempos primitivos do Direito), de forma perpetua, já que vedada pela nossa Constituição Federal qualquer gênero de punição intérmina.

A verificação de como este processo hoje tem abrangência na TV, internet e todas as modalidades de mídia passando a exercer junto à opinião pública, uma questão de relevância jurídica e psicológica, nos leva a repudia-lo em nome dos princípios morais republicanos.

A visão e consequências psicológicas de uma exposição maçante e ilegal da imagem de pessoas e entidades que ainda não passaram pelo devido processo legal ou ainda que já transitado em julgado, o que não faz cessar a consequência dos ataques ao sentido mais precioso que a pessoa tem em vida, sua integridade.

O que se pede não é o cerceamento da notícia e do livre convencimento jornalístico, mas sim o direito ao contraditório e ampla defesa nos mesmos moldes dos ataques assacados e o direito ao esquecimento para que o constrangimento não se torne perpetuo e expansivo a familiares de denunciados, ou meros cidadãos vítimas enquadradas como "bode expiatório" da ira popular.

A corajosa deliberação do STJ empresta relevo àquilo que em medicina é conhecido como síndrome rara conhecida como memória autobiográfica superdesenvolvida, ou hipertimesia, mas na presente hipótese uma formula cruel de excomunhão e ostracismo da comunidade.

No momento em que se discute uma revisão dos efeitos da Lei da Anistia, reconhecendo as vítimas da ditadura e seus familiares, a lembrança das torturas e do horror, levando-se ao banco dos réus os criminosos é este equilíbrio entre o direito e até o dever da recordação e o direito do esquecimento daquilo que já foi resolvido, segundo o império da lei, que elevara a plataforma ética dos nossos princípios de Justiça.

Faz parte da crônica jornalística brasileira casos que ilustram a importância de se definir o direito ao esquecimento como uma conquista de civilização.

Políticos, artistas, figuras do mundo empresarial, indivíduos que em algum momento de suas vidas tiveram sua biografia expostas a execração pública as vezes injustamente, pagaram até o preço da própria vida através do suicídio físico ou espiritual, deixando uma herança de irreparável sofrimento para os filhos.

Biblicamente o exemplo mais radical da externalização deste princípio é a exclamação de Jesus diante da ameaça de lapidação da mulher: "Aquele que não tiver pecado, atire a primeira pedra".

Que a generosidade e o senso piedoso permitam que a pena se finalize no seu próprio tempo de execução.

Artigo inédito

INTERPRETAÇÃO TENDENCIOSA DE GRAVAÇÃO É PROVA IMPRESTÁVEL

Um sistema jurídico tanto e torna mais justo quanto mais aproxima a aplicação da lei à realidade. Daí se infere o cuidado na coleta, na leitura e, finalmente, na aplicação punitiva ao crime. Aos agentes da interpretação dos fatos cabe evitar a cilada das fantasias, preconceitos, que na subjetividade e no inconsciente acabam por deformar, viciar, adulterar o significado dos processos.

O Brasil e é um fenômeno universal vive hoje sob o desenvolvimento extraordinário da internet e dos órgãos de espionagem eletrônica, os chamados «hackers» e os «grampos» uma fase em que o Estado e o cidadão estão, permanentemente, vistoriados pelo Superego do policialismo que não poupa e nem preserva qualquer território de privacidade.

A intimidade pessoal foi sequestrada em nome da Ética e do bem-estar social.

Vários capítulos recentes provam à saciedade a imprestabilidade, a precariedade da leitura e da interpretação de provas preterintencionalmente produzidas de forma tendenciosa.

Caso de repercussão nacional ocorreu, recentemente, com o ex-presidente Michel Temer. O então Procurador Geral da República Rodrigo Janet estribado numa gravação telefônica de conversa entre Temer e um delator da Operação Lava Jato, Joesley Batista, denunciou o ex-presidente. Numa sentença cientificamente, clara sob o ponto de vista de linguística e de psicologia o juiz Marcus Vinícius Reis Bastos, da 12ª Vara da Justiça Federal em Brasília, Absolveu Temer, sumariamente, sentenciando, inclusive "Afirmações monossilábicas, desconexas, captadas em conversa com inúmeras interrupções, repita-se, não se prestam a secundar as ilações contidas na denúncia".

Não é a primeira nem a única gravação de uma série que vem agitando de forma turbulenta nossos tribunais com gravíssimas consequências para a sociedade, no campo dos direitos da personalidade quanto à intimidade.

Estamos diante de algo muito mais grave que é o império da anamorfose do comportamento humano através, das meias-palavras, suspiros, ais e ois, exclamações e reticencias, malicia e inocência, brincadeira e deboche, tudo aquilo que o subjetivo de forma magistral analisa, desmascarando a ambivalência do dito e do não - dito, da pausa, das sutilezas, tonalidades, emoções que pautam a comunicação humana.

Uma piada ilustra; o pai analfabeto recebe a carta do filho distante pedindo dinheiro. Procura o vizinho mal-humorado e pede que a leia. Narrando, Chico lê agressivo, «pai quero dinheiro». O coitado sussurra «moleque isto é maneira de falar com o pai?» E pensa em recusar. Matreiro resolve pedir a outro vizinho, homem doce que leia a mesma carta. Em voz suave, "pai, eu quero dinheiro." Confortado, assim sim, com carinho eu mando, filho. Fica evidenciado o desrespeito constitucional na interpretação voluntaria de diálogos.

Voltando à psicanalise numa citação talmúdica se registra; um sonho não interpretado é como uma carta não aberta.

Quis o destino que o próprio Janot em sua biografia confessasse sua determinação homicida, relatou o ato de ir ao Supremo Tribunal Federal com o intuito de assassinar o Ministro Gilmar Mendes.

Estamos diante de uma cena brutal. Não matou fisicamente, porém, moralmente, aferiu a tantos outros à execração pública, está se transformando no Brasil e nos tribunais o resultado de ouvir, delatar, ler, interpretar de forma canhestra e criminosa fofocas, diálogos confusos, e até edições de conversas gravadas tendenciosamente, por mentes doentias.

Não se pode transformar em opera bufa o destino e a História de uma nação. Essas "provas" são imprestáveis, juridicamente. Só confirmam a ambiguidade do juízo de quem se obceca na condição de justiceiro.

Artigo inédito

MAIORIDADE PENAL REVISTA E O FIM DO CRIME

Volta e meia, juristas, sociólogos, psicanalistas e até teólogos (com exceção de pedófilos) discutem a ideia em que se enquadra o conceito da maioridade penal.

Simplificando: A partir de que faixa etária ou mais, precisamente, de que idade o individuo responde pelo crime cometido.

18 anos? Alegam conservadores, direitistas e até centristas, bem como motoristas que deveria começar aos 14 anos ou no máximo 16 anos. Ora, ora, o individuo já não esta formado e maduro, não assalta, essa pivetada vagabunda nas esquinas? Não ficam estuprando as virgens nos bailes funk? E os punks? Hein? Hein? Afinal a nossa TV como os programas sacrossantos que apelam por dízimos e prometem o caminho da salvação não são as mesmas telas que mostram as mulheres peladas em qualquer horário para o público machão? Inclusive mocinhas que mamães acompanham pelos corredores do sucesso em desfiles de moda? Moda? Que moda safada que transforma a arte em pornografia?

E se é para baixar a idade porque não fazer como na legislação de certos estados norte-americanos que condenam crianças de 8 anos a prisão perpetua.

Como, aliás, estamos hoje na moda, dando um exemplo ao mundo de termos eliminado a miséria, feito original na civilização, sugiro um passo adiante.

Uma reforma constitucional punindo as crianças que no jardim de infância cometem bullying. Portanto, maioridade penal aos 2 ou 3 anos de idade, porque como diz a sabedoria popular, e a Voz do Povo é a voz de DEUS (aliás foi o "povo" que elegeu Hitler e outros canalhas da espécie) é de pequenino que se torce o pepino.

Assim sendo, talvez compense radicalizar. Maioridade do feto em que em não se comportando, aborto nele, cortando o mal pela raiz.

Sentença final, definitiva, inspirada em Machado de Assis. Arrematando num latim de Cícero de Bagé: Extermínio do crime. Sem jogador, não existe jogo.

Esse perigo de adolescentes de 3 ou 4 anos andando de velocípede nos pátios.

De repente atropela um de nossos legisladores modelares. Tenhamos coragem, essa sim, uma genuína e autentica revolução jurídica. Cadeia (ou cemitério) geral, indiscriminado, baseado nas doutrinas de vanguarda de juristas tais como Himmler, Stalin, e os nossos Generais da banda de necrológica memória.

Artigo inédito

O CÉU SUBTERRÂNEO

Vício ou virtude de ótica profissional leio, interpreto e julgo um livro nas figuras do Autor e de seus personagens.

As vezes na defesa, outras como promotor e na última instância como juiz.

Pois é assim que venho, volume atrás de volume, primeiro colecionando para uma biblioteca interminável, daquelas descritas em papiros, memórias, recados, correspondências, enfim provas documentais e testemunhais de vidas e mortes.

Este é um tribunal que compartilho talvez à moda do que fez Isaac Bashevis Singer, quando viaja pelas franjas da Corte rabínica de seu pai.

Nada mais a propósito do que aconteceu quando caiu e, literalmente, trata-se de queda, nas minhas mãos o livro do Paulo Rosenbaum, "O Céu subterrâneo".

Sim, da queda para a escalada foi um salto só. Conhecia o autor como médico heterodoxo, audacioso em fronteiras humanísticas no campo da doença, nesta visão absolutamente, poética que é a homeopatia. E na abrangência a sedutora pratica da medicina integrativa que suave e liricamente põe o corpo na sinfonia do Espírito, na busca da homeostase ou Céu, êxtase de bem-estar sem machucado, sem dor, sem sofrimento, ou no subterrâneo, com todas as aflições anestesiadas pelas emoções que o Divino propõe na jornada labiríntica de Adam Kadmom este peregrino que, talvez, eu pudesse enquadrar no antigo código da vadiagem, enquanto crime.

A crise permanente de identidade, suas peripécias pelos caminhos da subjetividade, aquilo que oscila entre uma epopeia, saga ou "conversa fiada", de um ordenamento místico por Sion, Israel, a Terra Prometida, de leite e mel recuperando o Paraíso Perdido.

O livro de Rosenbaum me remete à Travessia, o percurso literário de Carlos Heitor Cony e também a Dionelio Machado, um gênio da literatura gaúcha que se perde e se acha para se perder numa infindável caminhada que nas páginas deste livro põe de ponta-cabeça a equação filosófica do pecado original.

Afinal para começar o Céu não é o que nos protege das alturas, a morada do Deus-pai e o subterrâneo, o debaixo da terra, aonde se esconde o clandestino, o transgressor, o culpado, mas também o tesouro, tudo, placas tectônicas que o Autor desenha às vezes em traços sutis, às vezes de forma impiedosa.

A leitura se faz pesada, angustiante embora as cenas possam seduzir pelo inesperado que é o fio condutor do romance, esotérico e, paradoxalmente, obvio como um roteiro cinematográfico.

Me dou por satisfeito diante daquilo que pode ser também um processo judicial, em termos do clássico de Franz Kafka.

A sentença fica por conta do leitor, por aqui fico com o relatório do ocorrido. De minha parte, condeno. A eterna condenação de Sísifo, Paulo ou Saulo de Tarsis.

Artigo inédito

O DESACATO ENQUANTO DESOBEDIÊNCIA CIVIL

O desacato na conformidade na conformidade do estatuído no Código Penal Brasileiro viola, sem dúvida o artigo 13 da Convenção Interamericana de Direitos Humanos da O.E.A., bem como a proteção constitucional da liberdade de expressão.

Ainda mais, estabelece uma distinção entre os cidadãos, os que exercem função pública e o restante da população.

Estamos, assim, diante do quadro retratado por Georges Orwell: "todos somos iguais, mas alguns são mais que os outros".

Isto no terreno teórico, doutrinário, da discussão jurídica.

Ocorre que no viés social e político, na verdade, a "carteirada" clássica, icônica, na tradição autoritária brasileira é o mote do: "Você sabe com que está falando?".

A ameaça do uso do Código Penal, com a justificativa ou pretexto da autoridade ofendida tem sido, historicamente, a razão para coibir um exercício, altamente, qualificado da soberania democrática de um genuíno Estado de Direito que é a chamada "desobediência civil", que nas últimas décadas, tem sido o recuso das sociedades para a ampliação reivindicada da igualdade de direitos, nas diversidades, as inúmeras que caracterizam o ser humano, na sua dignidade.

A subjetividade de uma "autoridade" que pode se sentir melindrada bate na tênue fronteira entre a manutenção do "status quo", conservador da desigualdade profunda que marca, tragicamente, a sociedade brasileira e o direito e até o dever da "desobediência civil".

Numa interpretação radical qualquer manifestação individual ou coletiva de insubordinação diante do regime poderia ser configurada como "desacato".

E é, exatamente, esta sensibilidade operacional de raiz coronelista que aprofunda as odientas formulas de interiorizar pessoas, segundo sua força econômica e política, protegidas pelo Estado e seus funcionários.

O contraditório jurídico, em si, já é uma conquista em termos de diálogo, podendo, na escala ir em diapasão do suave, moderado até o ríspido.

E é nesta contundência que reside o caldo de cultura que precisa retirar a concepção do desacato da órbita criminal como privilegio, para a civilidade e o respeito as divergências e ampla liberdade de expressão de ideias, através da personalidade peculiar.

O aprendizado, inclusive, da tolerância diante da inconformidade de cidadão comum, deve formatar a conduta da autoridade imposta pela integridade e moralidade, e não pela privação da liberdade do oponente.

Artigo inédito

SUICÍDIO, UM DESAFIO AO DIREITO PENAL

Em profundidade, o suicídio como um ato absolutamente solitário, agride de tal maneira o instinto de sobrevivência que o induzimento sempre é uma hipótese a ser cogitada.

Desde sempre o instinto de sobrevivência contrastou na esfera do comportamento humano com o ato do indivíduo se matar.

No drama revelador por este comportamento que surpreende o senso comum surgem inúmeras questões fáticas, doutrinarias, filosóficas, psicológicas e principalmente, jurídicas desde que se trada da figura capitulada no Código Penal a do induzimento ao suicídio, art. 122 o que aliás inspira uma "lenda jurídica"... a de que o suicídio em si seria um crime.

No jargão popular "ele praticou um crime contra sua própria vida".

Neste momento em que se um estado de depressão acomete a sociedade, enseja este artigo a convidar as autoridades policiais e jurídicas na investigação de mortes suspeitas a especularem sobre a hipótese do retro referido art.122 muitas vezes pelas sutilezas, malicia, subjetividade, de dificílima comprovação.

Uma ocorrência que vem se alastrando, mormente, entre jovens e a morte pela ingestão de álcool e drogas levando a famigerada overdose.

Uma pergunta de imediato precisa ser formulada e verificadas as circunstancias até a exaustão: quem forneceu a droga? Foi ingerida durante orgia ou mesmo em festa na companhia ou cumplicidade emocionalmente, provocada por situações de "stress", por exemplo disputa ciumenta de parceiros amorosos, jogos de sedução sexual, agressividade sadomasoquista?

"Vamos encher a cara? ", "Se for macho vamos ver até onde aguenta?" A oferta de drogas, no clima histérico, passa a ser o cenário propício numa espécie de "roleta russa" que traduz o potencial suicídio.

Outra contingência histórica é o induzimento ao suicídio por razões políticas em que o assassinato se confunde ambivalente no crime por tortura e razões ideológicas. Caso icônico revoltou a sociedade brasileira "o suicídio" que não era de Wladimir Herzog.

Outrossim pressão familiar constante ou no trabalho, formas de bullying, discriminação por motivo de cor, sexo, religião, condição social, constante violência doméstica contra mulher, enfim o trato do suicídio que extrapola o ato singular, pessoal com pré-intencionalidade de se matar, precisa exigir no esclarecimento do episódio, na polícia e na Justiça o entendimento das causas e a eventual atuação direta ou indireta, implícita ou explicita de agentes interessados na execução daquilo que violenta o princípio fundamental da biofilia o respeito à preservação da própria vida, fundamento biológico da natureza, religioso no âmbito espiritual e emocional na expectativa da esperança.

Setembro amarelo, 2019.

Artigo inédito

SUPREMO DRAMA GREGO

"Arte imita a vida". Ou na mesma ordem do simbólico e do imaginário, a vida imita a arte. A Ação Penal 470 poderia ser o enredo fantasmático de Shakespeare, bastando recordar o Julgamento de Orestes.

O crime tem os contornos mitológicos fundadores capazes de eletrizar a sociedade. Palas Atena a deusa correspondente a romana Minerva decide o empate na votação do processo.

Orestes para vingar a morte de seu pai Agamenon mata sua mãe Clitemnestra e o amante Egisto.

O casal foi responsável pela morte do pai do réu depois do retorno deste da guerra de Troia.

Para as erínias (demônios) este crime contra o "genos", o matricídio era o mais grave da condição humana. Por isto, Orestes contrata Apolo, o deus que presidia sobre os decretos religiosos, como seu advogado e este leva o Julgamento para o Areópago. Foro privilegiado.

O júri composto por 12 atenienses termina empatado, cabe a Atena, a Minerva romana a decisão que inocenta o acusado.

Friederich Engels o companheiro de Marx defende que este representou o ritual de passagem do matriarcado para o patriarcado.

Arrematando que Minerva se consagra como a deusa do trabalhador com significado de importância crescente.

Se o mago de "Stratford-on-avon" fosse nosso vocalista midiático faria a tradução de cada figurante de um projeto que, de alguma maneira, intriga e repercute pelo entrecruzamento das pessoas-personagens, Celso de Mello, Presidenta Dilma Roussef, José Dirceu, Roberto Jefferson, Lula e tantos outros que um diretor genial manipula nas emoções e no desfecho.

As nuances e sutilezas, analisadas sob esta ótica perdem o caráter de meras filigranas e saem das crônicas menores dum folclore que oscila entre o noticiário policial e o escândalo das eleições.

Estamos diante de um "serencipty" em que se agigantam os atores, Joaquim Barbosa e sua dor crônica, os volteios e disputas entre a

Lei e a manifestação da opinião pública, tudo a se retratar no Eterno Retorno do filósofo.

Embargos infringentes, Foro privilegiado: Brasília, horizonte greco-romano.

Artigo inédito

IDENTIFICAÇÃO SUSPEITA

O Brasil está diante, infelizmente, mais uma vez, de um escândalo político-jurídico que afronta os brios da nação, enquanto projeto representativo do povo. Uma das características fundamentais da democracia, o regime de escolha da nossa Constituição, após anos de feroz ditadura militar, é a afinidade que deve ser estabelecida entre a vontade do eleitorado e os seus porta-vozes diretos, eleitos de forma direta para exercerem, de maneira soberana e com decoro, o instrumento do poder que lhes é outorgado pelo voto.

Nesta legislatura, o deputado Natan Donadon foi julgado como criminoso. Revele-se que se trata de crime comum, sem qualquer eiva de suspeição política, o que alteraria, inteiramente, a questão. Não se trata, portanto, de crime na dimensão ideológica ou de pensamento. Não se trata de concepção moralmente relativizada. Não. Não se trata de conduta religiosa. Contudo, o deputado, num achincalhe afrontando o bom-senso, durante o julgamento da Câmara dos Deputados, se comparou a Jesus.

Isto sim, mais vilipendioso. Donadon alega que Jesus teria sido condenado pela voz do povo, na rua. Além do sacrilégio, megalomaníaco e ignorante. Segundo os evangelhos e os historiadores, Jesus foi crucificado, pela forma romana de morte, segundo a legislação do império, por ordem de Pôncio Pilatos. Isto tem sido ressaltado desde o Concílio Vaticano, a partir do Papa João XXIII e seus sucessores, de forma insistente. Na verdade, Natan Donadon deveria ter se identificado, caso pretendesse fazer um papel ridículo de showman, na cena com o ladrão. Mas até isso seria um despropósito. O deputado fica no folclore mais como aquilo que, na prática do direito, se denomina, no jargão policial, de ladrão de galinha.

O problema real se situa em seus colegas que pretendem se igualar com a triste figura, reduzindo a Casa das Leis a um valhacouto de malandragem, em que no conluio secreto se garante a impunidade. Inaugura-se uma praxe que nos permite conceber um novo tratamento em nossas penitenciárias – o carcereiro se dirigindo ao preso: Exmo. sr. ladrão, V. Ex.ª permite um aparte para esclarecer se o roubo foi à mão armada ou com cédula partidária? Talvez, se retroagíssemos no tempo, deveríamos inserir na Constituição da República um artigo eliminatório: Para o exercício de qualquer função pública, será devido um termo de compromisso com a decência de comportamento.

O deputado, que se locupletou com o dinheiro público e que fica numa cela com seus iguais, deveria se recolher e se apiedar dos milhões de brasileiros que passam fome, desassistidos na saúde, por causa da corrupção, cuja cultura é a argamassa do seu poder, e que, eventualmente, pode, por argumentação, se estender àqueles que, solidariamente, estariam enquadrados em formação de quadrilha. Urge um Ruy que derrube a inércia, desvele o segredo e expulse do Templo da Lei os vendilhões.

Tribuna de Minas, 06 de setembro de 2013

PANDEMIA E DIREITOS HUMANOS AMEAÇADOS

A pandemia decretada como uma espécie de regime universal de comportamento é um fenômeno que ultrapassa a questão de saúde e adentra no território do direito internacional público e privado.

Desde o início da informação de que a Covid-19 na China tinha um caráter epidêmico agressivo e avassalador, observamos o presidente da Organização Mundial de Saúde advertindo em caráter solene que, se prosseguisse no ritmo previsto, iria decretar a ocorrência de uma pandemia.

Ora, o que se poderia conceber é que, a partir desta constatação científica baseada em estatísticas, este órgão da ONU exercesse seu papel de monitorar e harmonizar medidas entre países membros para enfrentar a doença com os recursos disponíveis, médicos, econômicos e sociais.

Infelizmente, o que se tem constatado no mundo inteiro, e inclusive no Brasil, é a ultrapassagem dos cuidados com a saúde da população e implicações que demandam atenção e vigilância para que, nesta crise inédita pelas proporções, governos autoritários e grupos radicais não se aproveitem do pânico provocado pela doença e o surto paranoico que acompanha o noticiário, bem como a consignação da impotência dos sistemas de saúde, público e privado, em estado de falência, mesmo nos países chamados do Primeiro Mundo, como os EUA e os europeus, mormente, o escandaloso caso da tragédia italiana.

A decretação do isolamento social, confinamento, o "lockdown", vem sendo imposto, frequentemente, numa linguagem ameaçadora, inclusive de prisão para os cidadãos que não aceitaram as regras rígidas que tanto seduzem e agradam principalmente a governos autoritários e corruptos, que se aproveitam para sacrificarem direitos constitucionais tão duramente conquistados de liberdades consagradas na Constituição.

Em vez de convencimento da população, alguns governadores no Brasil chegaram ao extremo de pretender, com os recursos da tecnologia, policiar, através de celulares, numa invasão da privacidade, o movimento pessoal do cidadão. Não se trata de detalhe o fato de que só em São Paulo existem 26 mil entre idosos, doentes, gestantes e lactantes presos que poderiam passar para penas alternativas à prisão, e nada está sendo feito nesse sentido.

O pesadelo do "Grande Irmão" de Orwell se faz realidade. Surge também a hostilidade contra idosos: em Goiás, um caminhão "caça-veio" saiu às ruas na crueldade boçal. Alguns "especialistas" levantaram a questão, e, na falta de respiradouros, o critério de atendimento obedecer à faixa etária, numa ética que lembra o filme "Escolha de Sofia". Tudo sem qualquer consulta à população, tratada como multidão de irresponsáveis a serem tratados como incapazes.

Isolamento social não pode ser sociedade selvagem de "salve-se quem puder".

Urge o respeito aos direitos humanos, que, aliás, nunca mereceram na área da saúde no Brasil o mínimo para sobrevivência da maioria da população.

Tribuna de Minas, 30 de abril de 2020

PORTUGAL - BRASIL: NOSSA CULTURA JURÍDICA

Se a formação da nacionalidade brasileira e a nossa condição inicial de Império e posteriormente de República delineia a potência significativa que hoje somos no concerto internacional, a raiz é lusa e a inspiração é daqueles forjados no espirito do Direito Romano que perpassa pelas margens portuguesas.

Nossa história política e os meandros da organização do nosso Estado começam a ser resolvidas dramaticamente por uma ruptura que na verdade significa a metamorfose.

Quando Dom Pedro I resolve a nossa Independência se formalmente isto implica na emancipação e na soberania de nosso povo que neste momento se faz o amalgama étnico de pretos e brancos, colonizadores e colonizados, índios e padres, nativos e escravos, doutra parte nos reforçamos nos modelares institutos que a legislação da monarquia portuguesa primeiro impõe e depois dispõe para servir de alicerce a quase que um Portugal além-mar na visão grandiosa, lírica e profética do maior vate, Fernando Pessoa.

Não por acaso o arrebatamento desta alma que através das caravelas cruzou os mares e trouxe a civilização, habita sempre presente na própria oratória forense, em nossos tribunos e nos meandros complexos, sofisticados e porque não muitas vezes conflituosos esta cultura mais do que jurídica luso-brasileira é também cosmopolita num anseio de expansão e liberdade. O partejar do Brasil se estabelece no trato usual do Direito que se inicia com os estudantes rebeldes de Portugal e vai se espraiando em ondas sucessivas numa advocacia que não pensa somente no poder mais também no elemento sagrado que o restringe.

Anotamos na alma portuguesa o espirito de tolerância que é a sementeira da Justiça e talvez esta seja a maior herança que enriquece o nosso repertorio comum na eloquência deste processo acredito que devemos estreitar os laços entre Brasil e Portugal e sugiro um parlamento comum capaz de repercutir os anseios que cristalizam na mesma língua, nos mesmos sonhos, nas mesmas virtudes e até nos mesmos defeitos um só destino.

Uma comunidade fundamentada em princípios de um Direito das gentes ultrapassa as fronteiras politicas unindo a América Portuguesa e o Brasil do continente europeu, cimentando uma realidade amparada nos séculos inaugurados por Pedro Alvares Cabral e as flechas do tupi-guarani.

Revista Lounge, 2014

VOLUNTARIEDADE COMO BASE DO CASAMENTO

Filósofo que inspira o Direito no viés fascista italiano, Giovani Gentile, afirma: *"Tutto nello Stato, niente al di fuori dello Stato, nulla contro lo Stato"* (tudo no Estado, nada fora do Estado, nada absolutamente contra o Estado).

Esta concepção no campo do Direito de Família apresenta raízes e desdobramentos que tentam justificar a rigidez monolítica idealizada do casamento padrão que resiste as mudanças impostas pela realidade complexa, sofisticada e humanística contemporânea.

Em contrapartida, o adágio "O Estado não pode legislar na cama das pessoas", que deve expurgar este ranço, manifestado em inúmeras restrições.

Tomo como exemplo o escandaloso prejuízo (preconceito) do juízo do idoso, refletido no Código Civil, art. 1641, inciso II, determinando a separação obrigatória dos bens aos nubentes maiores de 70 anos, o que fere o princípio da igualdade, assegurado pela Constituição, e inclusive o Estatuto do Idoso.

Anota, corretamente, Maria Berenice Dias, jurista e escritora progressista, "Mas, com relação aos idosos, há presunção jure et de jure de total incapacidade mental. De forma aleatória e sem buscar sequer algum subsídio probatório, o legislador limita a capacidade de alguém exclusivamente para um único fim: subtrair a liberdade de escolher o regime de bens quando do casamento. A imposição de incomunicabilidade é absoluta, não estando prevista nenhuma possibilidade de ser afastada a condenação legal. No entanto, nas demais hipóteses em que a lei impõe esse regime de bens, pode o juiz excluir dita apenação (art. 1.523, parágrafo único, CC). Tal chance não é dada aos noivos idosos. Mesmo que provem sinceridade do seu amor, sua higidez mental e que nem tem família a quem deixar seus bens. Não há opção, a lei é implacável".

Trata-se de aberração sociológica e principalmente psicológica. Na realidade, suspeita de incapacidade de conduta autônoma naquilo que é mais fundamental na pessoalidade: o destino na condução da vida em função do outro e da sociedade.

Raciocinando, por absurdo, até pouco tempo um desembargador sexagenário não estaria em condições de lucidez ou liberdade psíquica de resolver a dimensão patrimonial de sua existência. Alienante e alienada ordenação: o mesmo indivíduo competente para decidir as mais intricadas questões matrimoniais não podia dispor de seus bens, na conformidade de suas intenções. O antigo inciso II do artigo 1.641 que tratava desta obrigatoriedade aos 60 anos, aumenta-se para 70 anos, ficando postergado, mas não extinto, o preconceito.

É a partir deste exemplo que podemos alcançar o território mutante que cada vez mais o fato social demonstra, por exemplo, no casamento homoafetivo, vivencia em comum entre homens e mulheres, mulheres e mulheres, mais de um casal e assim por diante, indivíduos que ajustam contratos explícitos ou implícitos para juntos no todo ou parcialmente, compartilharem suas vidas.

Cautela, portanto, na ideia da própria "união estável".

Exemplo gritante, a chamada "república de estudantes" em que muitas vezes até jovens de sexo diferente convivem intimamente, inclusive sem sexo, até no mesmo aposento, por razões que vão das financeiras até as sublimes amizades, sem qualquer pretensão de casamento.

Voltando aos idosos, muitas vezes divorciados e com economias separadas, e que decidem conviver no mesmo ambiente domiciliar por amparo mútuo, na solidariedade de filhos em comum, saúde debilitada ou simplesmente, acomodação lógica e racional.

Que o Estado não se intrometa com a frieza de textos ultrapassados, confundindo e tumultuando a simplicidade que deve sobrelevar: somente a vontade afirmada solenemente e sem restrições pode e deve ser respeitada na interação delicada das formas cada vez mais ricas dos jogos humanos, inclusive no concernente a filhos e bens.

Cumpre afastar a vocação totalitária do ultrapassado Direito de Família que sempre acabou por lesar a integridade do desejo, a voluntariedade, a escolha, a mais alta afirmação da dignidade humana, em nome de dogmas religiosos, étnicos, tribais.

Last, but not least, a lembrança do Filosofo que pensou: A diferença entre humanos e porcos-espinhos; ou se aproximam demais e se machucam ou se afastam e sentem solidão.

Casar e descasar, dispor no trabalho, do dinheiro e dos bens, das formas de afeto e do momento da desafeição, tudo debaixo da arte do voluntário, e não do arbítrio da imposição.

Expurgar o antigo, respeitar o velho, alcançar o novo no Direito de Família, no elenco da família humana. A pluralidade que reverencia os múltiplos acertos da inserção do indivíduo no coletivo.

Revista *Consulex*, 1 de abril de 2013

O QUE É GORDOFOBIA? SAIBA QUAIS SÃO OS EFEITOS PARA QUEM SOFRE DISCRIMINAÇÃO

Pessoas com obesidade são vítimas de piadas, julgamentos e escutam de muita gente que precisam emagrecer

Gordofobia é a aversão à gordura e as pessoas que estão acima do peso, fazendo com que se sintam inferiores aos outros. "Preconceito, tratar mal, desmerecer ou fazer a pessoa acima do peso se sentir inferiorizada são características que indicam a gordofobia", analisa a nutróloga Ana Luisa Vilela.

Antes de conquistar o Miss Top Of The World, na Ucrânia, em 2019, Nina Sousa teve uma vida de sofrimento em relação ao seu peso.

Ela conta que começou a ser discriminada quando era criança.

"Inclusive começou na infância através de bullying na escola e na própria família. No trabalho, já fui considerada incompetente por estar acima do peso e por isso me cobrava muito e fazia dietas mirabolantes. A sensação de não ser aceita apenas porque não se encaixa nos padrões que são considerados aceitáveis e perfeitos é horrível. Você acaba se cobrando muito mais e acaba fazendo coisas que não faria se todos vissem que você é uma pessoa real e que seu peso não está diretamente ligado a sua competência e muito menos resume quem você é", desabafa a modelo plus size em entrevista ao Estadão.

Em julho, o humorista Leo Lins foi processado por uma blogueira após usar uma foto dela para fazer piada. Não contente, o comediante, que se intitula o 'rei do humor negro', gravou um vídeo agressivo, xingando pessoas que estão com sobrepeso e falando palavrões. Após inúmeras denúncias de conteúdo ofensivo, o vídeo foi retirado do Instagram.

Na opinião do neurocientista Fernando Gomes, as piadas e comentários pejorativos reforçam o preconceito contra a pessoa gorda. "Existe um pré-julgamento baseado na aparência física. Isso pode impactar na saúde mental dessas pessoas, além de reforçar o padrão, fazendo com que elas não saiam dessa situação. Isso atrapalha o autocuidado porque a estética acaba sendo ponto de interesse e incentiva muitas pessoas a buscarem se alimentar melhor e praticarem atividade física, por exemplo", diz.

Pessoas que são vítimas de gordofobia podem sofrer consequências do ponto de vista de saúde mental, como depressão, baixa autoestima, ansiedade e tentativas de suicídio.

O QUE É GORDOFOBIA E A DISCUSSÃO ESTÉTICA

"Gordofobia é o preconceito em relação ao biótipo que algumas pessoas apresentam acima do normal, não necessariamente ao índice de massa corpórea, mas ao aspecto físico com saliências, longe de corpo atlético que imputa para alguns como até um caráter dessa pessoa mais gordinha", afirma o neurocirurgião Fernando Gomes. Ele acrescenta que a sociedade atribui algumas características a esses indivíduos: "Para muita gente, isso pode ser falta de vaidade, excesso de prazer com a comida, ansiedade, dose de humor além do normal para parecer ser divertido. Tudo isso pode abalar a autoestima da pessoa".

A nutróloga Ana Luisa Vilela enfatiza que um corpo não precisa ser lindo, mas precisa ser saudável: "Emagrecer não é para ficar bonito, mas sim para ficar saudável. Exames clínicos não necessariamente conseguem detectar se há essa sobrecarga no corpo, por isso é tão essencial investigar a fundo. Não é sobre ser escravo da balança, mas ter acesso à alimentação e a uma grande variedade de alimentos, o que dificulta a dieta. Somos reféns dos excessos, estamos gastando cada vez menos energia e menos calorias. É comer mais do que devemos e assim sobrecarregar o corpo".

A modelo plus size Nina Sousa, que convive com a situação desde a infância, dá um recado: "Pesquisem mais, observem mais e ajam com menos preconceito. Tenham empatia. Pessoas gordas podem ser saudáveis, pessoas gordas podem ser ativas fisicamente, pessoas gordas são competentes e inteligentes também. O tamanho dos nossos corpos não nos define. Somos pessoas reais, ser gordo não é ser doente, e ser magro não é sinônimo de ser saudável.

Vamos aceitar mais a nossa diversidade de corpos e celebrar as nossas diferenças. Afinal, temos uma diversidade cultural linda, étnica e física que deve ser respeitada, somos seres diversos e únicos, nossas diferenças devem ser celebradas e jamais julgadas", conclui.

GORDOFOBIA É CRIME?

Apesar de o comportamento gordofóbico poder causar uma série de danos psíquicos para as vítimas, como depressão, ansiedade e até suicídio, não existe uma pena mais severa para os infratores. Para descobrir se gordofobia é crime, a reportagem conversou com o advogado Flávio Goldberg, mestre em Direito. Confira:

- - Gordofobia é crime no Brasil?

A gordofobia é um preconceito, mas que não está de forma expressa na lei, então, se enquadraria em injúria, por exemplo.

- - A gordofobia não poderia entrar como crime de intolerância?

Hoje em dia, crime de ódio e intolerância está mais ligado à etnia, raça e religião, mas entendo que sim, poderia haver uma interpretação extensiva da lei para enquadrar a gordofobia também. Falta o legislador criminalizar de forma expressa, enquanto isso, entendo que pode ser enquadrado em crime de ódio, assim como como crime injurioso.

Camila Tuchlinki. *O Estado de S. Paulo*, 07 de agosto de 2020

INTERLOCUÇÃO BRASIL – GABRIEL CHALITA

FLAVIO GOLDBERG DIALOGA COM O ADVOGADO, ESCRITOR E PROFESSOR GABRIEL CHALITA SOBRE DIREITO E ÉTICA

FLAVIO GOLDBERG

Olá, Professor Gabriel Chalita! Um prazer conversar com o senhor! Fico feliz de podermos bater um papo sobre sua trajetória sobre direito e ética.

GABRIEL CHALITA

Eu que agradeço, Flávio! Acho que é um momento da gente conversar mais, estar mais próximo das pessoas, trocar ideias, refletir. Tenho acompanhado as coisas boas que você anda fazendo, seu pensamento, sua maneira de se preocupar com o Brasil, com o mundo, então eu que agradeço o convite dessa desse bate-papo nosso.

FG

Fico feliz, Professor! O senhor foi deputado, é professor de Direito – um grande professor de Direito, um grande jurista –, tem muitos livros escritos e e membro da Academia Paulista de Letras. Foi Secretário de Educação de São Paulo e agora tem frequentemente dado aulas também sobre o campo da Filosofia e da Ética, que eu acho muito importante. Sempre assisto a essas aulas e fico encantado. Eu gostaria de saber, nesse momento delicado que vivemos, que é essa crise pandêmica, como o senhor vê esses códigos éticos. Por exemplo, a busca incessante pela vacina, com países ricos se sobrepondo sobre países pobres. Como o senhor enxerga isso?

GC

Acho que é uma pausa na humanidade, não? E no início muitas pessoas imaginavam que nós fossemos sair desta crise com uma postura ética muito mais correta do que antes da crise, não?

O mundo tinha medo de uma bomba atômica, uma bomba nuclear, uma terceira guerra mundial, que isso deixasse um rastro de morte, de dor. De repente, não foi uma bomba barulhenta. Não foram armas. Foi um vírus silencioso que silenciou o mundo. Isso deveria chacoalhar um pouco as pessoas para refletirem, o seu estar no mundo, o que as pessoas estão fazendo, para que de fato elas compreendam a relação entre as pessoas, a postura ética.

O que é ética? Ética é esse código de conduta que visa o bem, é esse imperativo categórico, como dizia Kant, de se colocar no lugar do outro. É não fazer nem sozinho nem acompanhado aquilo do que você iria se envergonhar. É ter uma visão mais ampla nesse compromisso civilizatório.

O que a gente vem assistindo um pouco é que alguns líderes têm uma responsabilidade maior pela vida das pessoas, tomam cuidado com essas vidas, e alguns outros líderes têm tido uma postura mais barulhenta. A *fake new* virou o tema da moda e é um tema muito importante de ser refletido. Quando se pensa na ética, era o momento em que as pessoas deveriam se unir para defender a vida, para pensar no que elas poderiam fazer para caminhar juntas depois, mas infelizmente nós temos uma inversão às vezes do pensamento humano, da ação humana do mundo, da ação de lideranças, sejam políticas, empresariais, artísticas, intelectuais não importa: é que muitas vezes essas pessoas olham para o próprio umbigo e isso é exatamente o contrário da ética.

Quando eu estou preocupado comigo, com meu dinheiro, com a minha vida, o meu bem-estar social e o outro para mim é um detalhe, isso mostra que eu não entendo nada de ética.

FG

Pegando um gancho no que o senhor falou, a questão das *fake news* é um tema secundário no momento de crise de instabilidade que o nosso país vive. Temos que ver na verdade um pacto de unidade nacional para pensarmos em nossa saúde, em primeiro momento.

GC

Eu acho que o tema das *fake news* entra um pouco no tema da nossa saúde., Veja o que aconteceu nos Estados Unidos: o presidente fala para tomar detergente, as pessoas tomam o detergente, e isso é muito sério. Depois ele falou brincando, mas as pessoas acreditaram naquilo que ele falou. A gente teve aí uma discussão do BREXIT: uma série de reportagens, documentários mostrando que não importa que as pessoas queiram sair ou queiram permanecer. Acho que a grande discussão, o que leva as pessoas optarem por uma coisa ou por outra coisa. Você vai numa cidade do interior da Inglaterra em que moram 5 mil pessoas e você pergunta para essas pessoas qual o maior problema dessa cidade. As pessoas invariavelmente respondem: "são os refugiados". Aí você pergunta: "onde eles moram; eles estão na cidade inteira?". E não há nenhum refugiado na cidade, em uma cidade 5.000 habitantes, você sabe se tem ou se não tem refugiado. Então, esse é um tema muito preocupante.

Como é que imagens são desconstruídas, pessoas são atacadas, discursos de ódio são incentivados, levando as pessoas ao erro, ao engano?

A gente já tinha uma tradição das pessoas se acharem árbitro de futebol, de se acharem técnico de futebol. De repente, as pessoas começaram a achar que elas poderiam ensinar a emagrecer ou até qualidade vida. As pessoas começaram a saber tudo de Direito, começaram a saber tudo de política e agora começaram saber tudo de medicina. Então, a informação é tão fundamental quanto o cuidado com a saúde, porque a informação leva o que é importante se fazer na saúde, para eu acreditar. Se eu der uma festa, eu posso contaminar outras pessoas, eu posso contagiar outras pessoas. Eu preciso acreditar no que os meus líderes estão falando, para eu tomar cuidado ou não tomar cuidado. Vem do tipo de convencimento o que essas redes chegam até mim. Acho que não é um tema secundário discutir *fake news*, discutir esses instrumentos que nós temos à nossa disposição. A comunicação mudou radicalmente no momento em que a gente está vivendo, né?

Dentro desse pacto, você precisa ter um pacto de responsabilidade e há algumas pessoas que ganham dinheiro com isso, que se valem disso, ludibriando, enganando, destruindo as outras pessoas, como aquela visão de Rousseau: reger uma sociedade é muito mais complexo e muito mais necessário, muito mais bonito do que conduzir um bando. Não é um discurso que vai conduzir um bando. Você às vezes conduz o bando nos discursos de ódio porque une aquelas pessoas em torno de uma luta externa de algo que você nem sabe se existe. O reger uma sociedade é algo mais profundo, você tem um compromisso com a verdade, compromisso com a responsabilidade, não importam que sejam partidos diferentes e todos esses partidos precisam pensar de uma forma comum em temas urgentes como o tema da saúde. Depois, quando tema é da empregabilidade, não importa se você concorda ou não concorda com decisões das instituições que nós temos, mas se quiser respeitá-las, se não tem uma democracia forte e se as instituições não estiverem fortes, isso vale para todas as pessoas.

De uma hora para a outra a gente viu, por exemplo, o Poder Judiciário, o Ministério Público. O poder judiciário deveria ser um poder pacificador, serenizador das relações sociais. Para isso, ele existe e de repente você vê guerras, de um com o outro. Então, ministro do Supremo dá uma decisão e um promotor de primeira instância começa a xingar o ministro do Supremo. A gente não vai a lugar nenhum com isso. Você tem que ter um pacto real de compreensão do que são esses poderes e a estrutura desses poderes e como eles poderiam buscar o que une mais o que desune para conduzir bem o país em que nós vivemos.

FG

Como o senhor acha que podemos harmonizar a questão dos conflitos morais impostos pelo covid-19, como quarentena vertical, quarentena horizontal, liberdade de ir e vir, para ao mesmo tempo não quebrar nossa economia e também nos resguardamos na nossa saúde?

GC

Acho que a gente precisa primeiro ter uma responsabilidade com a vida. Vamos olhar o que países que conseguiram de alguma maneira ter um comando mais firme e perderam menos vidas. Qual foi o trabalho da Alemanha, que não é um país tão pequeno, mesmo da China e da Coreia e dos países nórdicos? O que está acontecendo nos outros países da América Latina? Acho que tudo precisa ser muito analisado. Agora, não existe economia sem vida. A primeira grande questão é a proteção à vida, é o direito à vida. Aí, pode ser uma discussão política, de esquerda ou de direita, e isso é ridículo no momento que a gente está vivendo. O vírus não é de esquerda ou direita; precisa de ciência e a gente tem que analisar o que mundo está sofrendo, o que está dando certo e o que está dando errado, como é que ele constrói de um lado e de outro lado.

Esse tipo de posicionamento que defende a vida e a saúde das pessoas, em princípio, é o isolamento vertical. Foi o que se mostrou mais eficiente, o que de fato fez com que menos vidas fossem desperdiçadas.

Então, teve um caminho importante nisso e a gente vê na Alemanha um exemplo muito interessante: a proibição foi total. A Itália demorou para fazer isso. Aqueles países que demoraram para fazer isso tiveram mais dificuldade, como foi o caso do Brasil e de Estados Unidos. São países que a gente teve o número de mortes muito acentuado. Talvez vidas poderiam ter sido poupadas. A gente teria evitado esse caos.

A questão econômica aí é um planejamento que o país tem que ter e nesse momento não é nem deveria ser uma preocupação inflacionária ou não. À medida que você defende a vida, cabe aos governos imaginar o que que eles podem fazer para evitar o desemprego, para evitar a pobreza absoluta. O que que esses governantes podem fazer?

Você vê planos de um país ou de outro país. Acho que a literatura mundial nos ajuda um pouco a comparar as condições de um lado ou de outro lado. O Brasil teve muito isso de jogar a responsabilidade a responsabilidade do presidente, dos governadores, dos prefeitos, quem decide isso, quem manda aqui. Não era o momento desse tipo de discussão. Acho que nós erramos como sociedade, erramos na forma de comunicar. Quando você vê que o Rio de Janeiro, no dia que abriu, as pessoas lotaram os bares e sem máscaras, depois tiveram fiscalizar de uma forma mais intensa, isso mostra um pouco das irresponsabilidades da sociedade, que não acreditou nos comandos em que precisaria ter acreditado, porque talvez tiveram vozes destoantes nesse processo de comunicação. A gente viu pessoas que trabalhavam na fiscalização sendo achincalhadas por outras pessoas porque não admitiam que aquela pessoa mandasse se eu devo usar máscara ou não, se eu posso entrar na praia ou não. Você tem responsabilidades por pessoas que foram eleitas para isso. A gente tem que respeitar. Você pode não ter votado nesse presidente ou nesse governador ou nesse prefeito e você pode não votar na outra eleição - é uma decisão sua. Mas no momento em que ele está conduzindo aquela cidade, aquele estado, aquele país, as suas decisões poderiam ser respeitadas.

FG

Esse momento delicado que vivemos, essa polarização de esquerda e de direita que está sendo feita, está gerando bastante discurso de ódio, não? Principalmente discurso racial, discurso de uma autoridade sobre alguém que ele julga ser menos do que ele e até preconceitos raciais e sexuais. O senhor acha que nossos códigos jurídicos correspondem a moral ou precisamos reaver isso?

GC

Eu acho muito muito triste que a gente esteja vivendo esse momento. Gosto muito de estudar essa evolução conceitual dos direitos e ver o que a humanidade já sofreu, múltiplas formas de preconceito não? O que foi a escravidão para história, o que foram as perseguições, o que foi a decisão de ter uma raça pura? Todas elas, absolutamente equivocadas, levavam as pessoas à destruição, à morte, ao genocídio.

Hoje, a gente tem um compromisso de respeito acima de tudo, o direito a ter direitos. Parecia uma era mais arejada, em que esses direitos estavam de fato sendo respeitados, e de repente a gente vê um recrudescimento disso, a volta do discurso racista. Pode ser que ele não tivesse acabado, mas talvez ele estivesse escondido, ele estivesse envergonhado. E, de um hora para outra, pessoas começaram a achar que elas podiam ser racistas novamente. O machismo, se imaginava que essa discussão de gênero de homens e mulheres não tinha mais lugar no mundo, e você volta a uma discussão de machismo de homens que acham que tem alguma superioridade em relação às mulheres. Discussões religiosas, da mesma maneira, não é?

Muito ruim. Você ouve as pessoas dizerem assim: "melhor a gente não falar de política para não brigar". *Política* vem de *polis*, de cidade; política é para falar, não é para brigar. É para você ouvir um lado, o outro lado, para você ter pensamentos diferentes do seu, para você desenvolver um processo dialético. Mas isso é muito ocasionado por esse processo de discurso de ódio. Quando você vai insuflando as pessoas a xingar as outras, é a falência da racionalidade. Você perde os argumentos. "Eu não tenho mais argumentos, eu quero te xingar, eu não quero aprender com você, te ensinar ou discutir conjuntamente ou conversar ou perceber se eu estou certo ou errado."

Quando presidia a comissão de educação da câmara dos deputados, era muito bom que a gente tivesse deputados mais à direita, mais à esquerda; isso não é ruim. Você pega grandes líderes mundiais da esquerda que conseguiram realizar o seu ofício com muita competência e da direita também. A gente pega um Churchill de um lado, que foi um homem que soube enfrentar Hitler naquele momento da direita, e de repente os conservadores do seu partido não o apoiaram de imediato; foram os trabalhistas que o ajudaram a até ir contra inclusive o que a população pensava naquele momento, porque até a população ela precisa ser esclarecida. E o ódio não esclarece, as *fake news* não esclarecem. Então, você vai numa linha sem saber daquilo que está acontecendo.

Acho que é um desperdício, Flavio, é uma falência da racionalidade da humanidade quando o ser humano vai para a violência, seja real ou seja simbólica, seja violência nesse mundo informacional de pessoas xingando as outras.

Tenho, graças a Deus, uma relação muito boa com meus seguidores. Discuto mais filosofia por isso, mas às vezes eu vejo, quando alguém comenta uma coisa, o outro xingando. Não precisa xingar; eu posso conversar, posso perguntar: "Nossa! Mas eu imaginava... será que estou errado? Será que você está errado?" É tão mais leve, tão mais sereno! Vamos lembrar da ágora grega em que as pessoas ficavam ali, nascendo o conceito de política. O que a gente traz para cá de polis? Você debate, você analisa, você discute.

É melhor as crianças voltarem para as aulas agora? É melhor em setembro? É melhor em outubro? vamos discutir isso sem brigar. Vamos tentar ver os lugares em que as aulas voltaram antes. Fazer com que as crianças voltem para as aulas pode colocar em risco os seus avós, pode colocar em risco seus professores?

Esse é um ponto importante a ser analisado: fazer que não voltem pode colocar em risco outra coisa com que a UNESCO está preocupada hoje, que é o aumento da violência sexual contra crianças, da exploração sexual de crianças. Vamos cotejar essas questões refletindo um pouco mais. Se eu não preciso chegar a uma discussão dessa, se volta às aulas ou não, com a cabeça feita; deixe-me tentar entender um pouco os argumentos de um lado os argumentos do outro, fazer essa literatura internacional. Deu certo? Por exemplo, o Maranhão voltou; parece que está bem. Como é que eles conseguiram voltar? No Amazonas, que foi um dos estados caóticos na covid, as aulas voltaram. Está dando certo? Não está dando certo?

A gente está vivendo espacialmente isso; é possível analisar. Isso é uma discussão inteligente, é uma reflexão profunda que eu posso ter sem ódios. Não a esquerda manda voltar e a direita não; isso é de uma estupidez imensa. Você pode ter visões mais liberais, mas é de proteção social de um lado ou de outro lado. Quando você está discutindo o direito à vida, a questão mais importante é a ampliação de repertório, é a compreensão da ciência disso.

Parmênides dizia que o mal da humanidade naquela época, lá nos pré-socráticos, estava na doxa. As pessoas não descortinavam a verdade, não estava em busca da verdade. Eram opiniões sobre tudo. Você acha que esse remédio funciona? Não, eu não sou médico. Bom, vamos perguntar para vários médicos. Eu não sou cientista; eu não sei se dá certo ou não. Acha que se fizer essa construção na sua casa com esses pilares ela cai? Eu não sou engenheiro, não estudei para isso.

Recentemente, eu estava num jantar e uma pessoa criticando uma decisão de um ministro do Supremo. Aí eu perguntei: "Nossa! Você fez Direito? Não, não fiz Direito, mas eu entendo tudo direito." Eu falei: "Olha! Que coisa boa, não?

Esse ego que as pessoas foram desenvolvendo leva essas pessoas ao engodo, ao erro, e leva outras pessoas a acreditarem nesse mesmo eu. A gente desperdiça essa experiência linda que tem o ser humano, que é a experiência da aprendizagem. Mas isso a gente só consegue com *humildade*, palavra que vem de húmus, de terra. A gente é da mesma terra.

Comecei agora a minha outra turma dos alunos da pós-graduação do mestrado e doutorado da PUC. Eu disse pra eles assim: "Vamos começar com humildade. Eu não tenho que ler Maquiavel, xingando Maquiavel." E ler Platão? Se ele está na história do pensamento, para você o mais importante é compreender o pensamento dele, estudar isso é se abrir. A gente precisaria ampliar as consciências, expandir as consciências, ser uma expansão de consciências. Eu não consigo ter uma expansão de consciência quando eu estou nos extremos. Nenhum fundamentalismo radical é bom: nem a extrema-direita, nem extrema-esquerda. Quando estou numa ponta ou na outra ponta, não vejo o centro, não vejo o meio, não consigo compreender os fatos como eles são. Preciso deixar de lado um pouco essa minha arrogância de achar que eu sei tudo de qualquer área e estudar um pouco mais.

FG

Professor, o senhor é conhecido por esse tom mais harmonioso. E tive a honra e o privilégio de ser prefaciado pelo senhor no meu livro *Mediação em direito de família*. Como o senhor vê a mediação e a conciliação, não só nos conflitos jurídicos, mas também nesses impasses políticos? Qual que é a importância?

GC

Vamos pegar primeiro o aspecto jurídico. O Brasil tem mais de 100 milhões de ações. Não é razoável: um país com 200 milhões de habitantes. Então, se você imaginar, tem um lado e o outro lado; está todo mundo em conflito. Não é bem assim, porque são muitos conflitos do estado, mas, em tese, como é que você melhora isso?

Conciliação. Você precisa de mediação, precisa de outros caminhos que não a briga. Há outras possibilidades que não a briga. Eu posso sentar com pessoas que pensam de uma forma diferente da forma como eu penso e chegar a um consenso daquilo. Seria muito melhor que a gente não ingressasse um contra o outro na justiça, mas houvesse um processo de mediação, até antes do processo jurídico de mediação. Você tem países que têm uma tradição da mediação acontecer entre escritórios. Não precisa chegar até ali. Mas a gente começa o conceito de mediação entre vizinhos: pra que brigar?

Eu fui o secretário de educação que nunca teve greve no estado nem no município. Eu ficava às vezes o dia inteiro com sindicatos de todas as colorações ideológicas partidárias, ouvindo o tempo todo, dizendo a verdade com eles. Com essa construção coletiva, com esse respeitar uma visão que eles tinham. De repente, não era possível naquele momento, mas eu precisava explicar por que não era possível naquele momento, porque era direito deles ouvir isso. Não é porque eu sou secretário e eu mando e todo mundo tem que obedecer. Vamos construir isso.

Nós fizemos a mudança do currículo da cidade de São Paulo, a matriz curricular, as trilhas de conhecimento com 70.000 participações, e foi incrível, porque eles construíram conjuntamente as matrizes, aplicaram e não teve polêmica nenhuma. Todo mundo participou o tempo todo disso. Eu criei 500 escolas em tempo integral e quem construiu o currículo de escola de tempo integral? Os educadores, os professores. E eu disse: respeite sua excelência o professor, porque é ele que está no chão da escola, ele que vê o dia a dia. Consultor não entende nada do dia a dia da educação; respeite esses professores, estude literatura, vejo o que o mundo está pensando, estude os grandes educadores, mas ouça as pessoas que estão ali.

Falta um pouco esse elemento dialogal. Eu achei muito bonito o que aconteceu no Chile. Por causa da pandemia, quando os ex-presidentes, juntos com o presidente atual, fizeram *live* para pedir para o povo ficar em casa, todos eles juntos. Olha, quem gosta mais desse ou daquele ou dessa ou desse: cada um falou para que todos eles tivessem a mesma linguagem. Será que não é possível a gente fazer isso? Não é razoável que as pessoas tenham um pouco essa preocupação? O presidente que ganhou, ele é o presidente de todos, não é só de quem votou nele. A mesma coisa no Poder Judiciário: eu acho que é todo respeito aos ministros do Supremo. Eu acabo admirando aqueles que dão entrevistas, porque ele já falam nos autos, ele já falam nas sessões do Supremo. Às vezes, esse excesso de entrevistas não é uma coisa boa. A gente não pode transformar o Supremo em 11 supremos. Eles podem pensar de uma maneira diferente, mas eu digo isso com toda a humildade assim: era preciso que houvesse um respeito entre eles para que o Poder Judiciário seguisse um pouco esse respeito.

Que os presidentes dos tribunais de justiça do estado tivessem o mesmo respeito pelos desembargadores e fossem respeitados por eles e o juiz e assim por diante. Você precisa ter uma linha de reflexão do poder que vocês tem nas mãos. Nas escolas de Direito, a gente tem discutido muito o papel do promotor de justiça, do Ministério Público. O promotor se esquece de que ele é promotor de justiça, não de acusação. Ele acusa para defender a sociedade; ele não acusa para ter os holofotes para ele, para dar entrevista para brilhar.

Há cidades, por exemplo, em o que o promotor denuncia alguém e ele já dá entrevista antes de o juiz receber a denúncia ou não, e coloca o juiz em uma situação complicada, mas porque ele quer a pressionar pela mídia o juiz. Ninguém vai demitir esse promotor nem esse juiz, ninguém vai transferir, ninguém vai reduzir os salários dele, são garantias condicionais que ele tem para que tenha essa calma, essa paciência. O político tem que prestar contas o tempo todo por causa do voto dele. Quem está no poder judiciário não tem que falar tanto como vem falando, porque ele é o pacificador da sociedade. Ele optou por uma carreira que em tese é a carreira que vai minimizar esses conflitos. Agora, às vezes, são carreiras que criam conflitos e que não têm uma dimensão tão importante

Eu não sou contra o promotor investigar nada, mas acho que a gente precisa começar a ter uma cultura das pessoas que usam de má fé ou das pessoas que exageram, das pessoas que erram grosseiramente. Elas precisam responder por aquilo que elas fazem, porque se eu não responder pelos meus erros, eu não vou me preocupar em acertar. Isso vem acontecendo em outros países.

FG

Professor, é sempre muito gostoso ouviu o senhor que tem essa visão de estado de coalizão, essa visão de pensamento de união. Eu assisto sempre suas quintas filosóficas e todas as suas aulas na internet. No momento delicado que vivemos, temos que ficar reclusos na internet; às vezes, é muito estressante, então é muito bom sempre uma aula, conversar com o senhor. Muito obrigado, Gabriel Chalita!

GC

Eu que agradeço! Prazer enorme, Flavio.

E esse foi mais um vídeo do Interlocução Brasil espero que tenham gostado inclusive os convido para se inscrever no canal dar um like compartilhar com os amigos e até uma próxima.

Interlocução Brasil, 11 de agosto de 2020

INTERLOCUÇÃO BRASIL – ALEX MANENTE

FLAVIO GOLDBERG DIALOGA COM O DEPUTADO FEDERAL E AUTOR DA PEC DA PRISÃO EM SEGUNDA INSTÂNCIA, ALEX MANENTE, SOBRE SUA TRAJETÓRIA POLÍTICA, COMBATE A CORRUPÇÃO E SEU PROJETO DE LEI.

FLAVIO GOLDBERG

Hoje, tenho o prazer de receber o deputado Alex Manente. Fico feliz pelo aceite do convite para podermos conversar sobre sua trajetória política, sobre seu importante projeto de lei da prisão em segunda instância e o combate à corrupção, que é importante no Brasil.

ALEX MANENTE

Flavio, para mim é uma satisfação estar aqui no Interlocução Brasil, falar da trajetória política, especialmente dos projetos relacionados ao combate à corrupção e a segunda instância, que é um tema que aflorou na sociedade desde o final do ano passado e que mesmo com a pandemia a população ainda espera respostas do Congresso Nacional.

FG

O senhor foi vereador de São Bernardo do Campo. Inclusive, estamos gravando aqui em São Bernardo do Campo, no estúdio The Wave. Foi deputado estadual e deputado federal, e está na sua segunda legislatura. Agora, é autor de um importante projeto de lei, PEC da prisão em segunda instância. O judiciário até chegou a ver com bons olhos a prisão em segunda instância, porém a acabou optando por libertar e só aprender em caso de não ter mais grau, trânsito em julgado. Como o senhor enxerga isso?

AM

Quando nós fizemos essa PEC, eu elaborei exatamente no momento em que o supremo tinha muita divergência sobre o tema. Então, sempre nós tivemos votações de 6 votos a 5 para prender ou para soltar, mostrando que existia um vazio no Congresso Nacional em termos de legislação. Foi aí que, em 2018, numa decisão sobre o ex-presidente Lula, nós tivemos uma deliberação de 6 votos a 5 para prender. Percebi que a qualquer momento aquela medida poderia ser revertida com a mudança de posicionamento de apenas um ministro. Coletamos assinaturas, conseguimos protocolar a PEC. Ela foi paralisada porque houve naquela oportunidade a intervenção federal do governo Temer no Rio de Janeiro, suspendendo a tramitação de emendas constitucionais. Em 2019, nós retomamos esse trabalho com uma nova legislatura, um Congresso Nacional renovado, renovado inclusive por votos da população muitos ligados ao combate à corrupção, e no final de 2019, em novembro, tivemos a mudança de entendimento do Supremo. Foi quando a população foi às ruas, se manifestou e a PEC ganhou protagonismo na CCJ.

Tivemos um intenso debate. Conseguimos aprovar com ampla maioria na CCJ, 55 votos a 12, e iniciamos o trabalho na comissão especial. A comissão especial fez audiências públicas, trouxe ex-ministros, debatemos o tema. Infelizmente, chegou à pandemia, que paralisou todos os trabalhos. Estamos na fase de aguardar a votação do relatório, que será votado na comissão especial e imediatamente depois pautado no plenário da câmara dos deputados para votar em dois turnos.

FG

A saída do presidente Lula foi vista como um contraditório a essa tese da prisão em segunda instância. Como o senhor acha que é de forma simbólica afeta a quem defende essa tese?

AM

Infelizmente, esse tema que é, na minha concepção, um tema que deveria ser baseado na construção do combate à impunidade no Brasil, se tornou um debate ideológico. Então, quem defende o ex-presidente Lula é contra prisão de segunda instância; quem é contrário ao presidente Lula é a favor da segunda instância. Não é o que nós buscamos quando apresentamos o que queremos: uma justiça mais rápida que puna efetivamente todos os criminosos, incluindo o ex-presidente Lula.

Nós não fizemos a PEC direcionada exclusivamente a ele, mas talvez seja o principal símbolo da mobilização da sociedade em busca de um país mais rápido, justo e que de fato puna quem cometeu o crime. Eu sempre digo que o combate à corrupção é fundamental aprovarmos essa segunda instância, porque só posterga a condenação ricos e poderosos. Nós fizemos um levantamento nesses estudos todos; 40% de quem é condenado à primeira instância nem recorre à segunda instância. Então, nós estamos falando uma parcela reduzida, que geralmente são aqueles que cometeram crimes de corrupção, do colarinho branco e obviamente com isso conseguem postergar 20, 30 anos do início do cumprimento de pena.

FG

Deputado, eu, como advogado, sempre sou a favor lógico do contraditório e da ampla defesa, mas o seu papel como deputado e autor essa PEC é muito importante para a nação, porque os recursos protelatórios não só atingem quem acusa, mas também quem defende, porque desmoraliza o judiciário.

AM

Estamos trazendo o trânsito em julgado para todas as esferas que você falou. Aquilo que nós estamos propondo não é apenas na esfera criminal; a esfera criminal talvez é mais sensível à sociedade, mas vai abranger todas as áreas: previdenciária, cível, trabalhista. E, geralmente, é o cidadão comum que não consegue ter acesso ao seu direito, na área cível, na área previdenciária. Tem gente que quer rever o direito previdenciário, mas não consegue ter em vida aquilo que é seu direito, porque demora tanto tempo que quando a última instância dá trânsito em julgado na ação, a pessoa já não está mais viva. Então, é necessário de fato nós termos uma justiça mais rápida. Por isso, não estamos modificando nenhum direito, nenhum princípio de ampla defesa e de presunção de inocência. Abrimos esse precedente de ter uma ação revisional caso o rito tenha vício constitucional, abrindo possibilidades. E nós temos essa ação, uma nova ação para as instâncias superiores, que de fato é o papel dessas instâncias, até porque os recursos teriam esse princípio, mas acabam sendo usados como protelatórios, infelizmente.

FG

Com a saída do Sérgio Moro do Ministério da Justiça, ganhou um revés a questão do combate à corrupção. Como o senhor vê esse ano? O que pode ser feito? Tem a possibilidade do seu projeto ser aprovado ainda esse ano?

AM

Nós estamos trabalhando para isso, estamos aguardando o fim da pandemia para poder retomarmos a votação.Conversei já com o presidente da comissão especial e com o relator da nossa iniciativa, para que na primeira sessão presencial nós já tenhamos a votação do relatório. Há um compromisso com os membros de que nós não votaremos remotamente, mas sim presencialmente, e por isso queremos, imediatamente após a retomada dos trabalhos presenciais, votar na comissão, para poder levar ao plenário da Câmara. Já conversei com o presidente Rodrigo Maia. Espero ter a maioria da população apoiando, para poder ter a maioria qualificada no plenário da casa e depois o senado aprovar nos dois turnos. Acho que é possível aprovar esse ano - depende da pandemia.

A saída do Sérgio Moro foi um prejuízo ao combate à corrupção e à impunidade, até porque ele é o principal símbolo disso no nosso país. Ele liderou e foi o juiz da operação que prendeu muitos poderosos, algo que era inimaginável em nosso país em tempos atrás. Foi para o Ministério da Justiça com grande expectativa da população, propôs o pacote anticrime, propôs o pacote anticorrupção. Era um grande incentivador no ministério da nossa PEC. Nós continuamos contando com o apoio do Sérgio Moro.

Sérgio Moro tem falado comigo frequentemente. Participaremos de várias ações conjuntas para mobilizar novamente a sociedade um apoio a essa medida e o governo Bolsonaro, eu creio, apoia essa iniciativa. Tivemos lá o exemplo da votação na CCJ, em que todos os deputados ligados ao governo Bolsonaro apoiaram e votaram favoravelmente; fizeram discursos colaborando para que a nossa PEC caminhasse.

FG

Ótimo, deputado! Entendo que o senhor está fazendo um papel, cumprindo um papel exemplar no combate à corrupção, não só com essa PEC, mas de toda maneira que o senhor age. Aproveitando, estamos aqui em São Bernardo do Campo, sua cidade natal, gravando no estúdio The Wave, que visa muito a melhoria de músicos e artistas. Nesta pandemia, em um momento delicado, com toda essa crise, muitos estão quebrando, muitos estão tendo dificuldades, até atrapalhando a saúde mental e econômica de artistas, músicos e outros. Como o senhor vê uma saída para isso?

AM

Vamos precisar de muitos projetos. É uma satisfação tê-lo aqui em nossa cidade, em São Bernardo, parabenizar o The Wave, que é um estúdio muito legal. Fiquei muito satisfeito em conhecer aqui em nossa cidade uma estrutura tão importante como essa. Creio que a atividade artística e cultural foi muito atingida pela pandemia, então você consegue observar os grandes artistas se salvando pelas *lives*, não?

As *lives* ganharam protagonismo até por falta de opção de lazer e entretenimento da população, elas ganharam uma força grande, mas é muito restrita aos grandes artistas. Então, os artistas populares, os artistas que tocavam em bares e em lanchonetes, sofreram muito e obviamente nós vamos ter que ter um programa para poder dar condições. Muitos estão enquadrados no auxílio emergencial, mas nem todos conseguem ter acesso a esse programa e infelizmente temos aí um prejuízo significativo os artistas. São como os jogadores de futebol: 2% ganham muito e 98 % ganham pouco, sobrevivem. Então, é importante que nós tenhamos um programa cultural para poder dar condições a esses artistas de comunidade terem condições de utilizar seu talento de maneira adequada.

FG

Deputado, eu fico feliz de conversar com o senhor que, além de cumprir um importante papel do combate contra a corrupção, que é algo que nos atinge de forma violenta, é um grande jurista. É sempre uma aula conversar com o senhor. Muito obrigado!

AM

Eu que agradeço! E para mim a aula é com vocês. Estamos felizes e quero aqui, se possível, adiantar uma novidade: você me convidou e eu estarei à disposição para nós fazermos um livro sobre a questão da segunda instância, que será uma honra para mim poder, junto contigo, mostrar à população todos os caminhos que nós percorremos. Se Deus quiser, no final do ano, aprovada, a gente vai escrever esse capítulo final.

Interlocução Brasil, 9 de agosto de 2020

INTERLOCUÇÃO BRASIL – FERNANDO COLLOR DE MELLO

DIÁLOGO DE FLAVIO GOLDBERG COM O EX-PRESIDENTE, SENADOR FERNANDO COLLOR DE MELLO

FLAVIO GOLDBERG

Olá, presidente Fernando Collor de Mello! É uma honra recebê-lo, fico grato pelo aceite do convite para conversarmos sobre seu governo e sua trajetória política.

FERNANDO COLLOR

Muito obrigado pelo convite, professor! Muito obrigado pela oportunidade que está me dando de participar dessa live na tarde de hoje.

FG

Presidente Collor, o senhor ocupou os principais cargos do poder executivo. Foi Prefeito de Maceió aos 29 anos, Governador de Alagoas e chegou à Presidência da República com 40 anos, sendo o presidente mais jovem eleito de depois de um bom tempo sem eleições democráticas.

E no poder legislativo o senhor foi deputado federal e hoje ocupa uma cadeira no Senado da República. Como o senhor vê, nesse impasse político, uma saída para essa desarmonia do poder que está acontecendo atualmente.

FC

Bom, inicialmente, nós temos que a avaliar a situação do momento a luz de um governo que se instalou, há um ano e meio atrás, com um discurso completamente fora do esquadro da normalidade das relações políticas. É um governo que negou o exercício da política para exercer a presidência e o presidente da república nesse sistema presidencialista de coalizão em que nós vivemos, ao qual nós estamos submetidos, ele tem que entender que é o líder político da nação e, sendo líder político da nação, ele tem que fazer política. E política se faz por intermédio dos instrumentos que a democracia oferece, que são os partidos políticos e os políticos. Sem isso, sem esse exercício, não existe democracia dentro de um sistema presidencialista de coalizão. Não existe mesmo em um outro sistema, como o parlamentarista, se o primeiro-ministro não exercer um regime de parlamento no sistema parlamentarista, essa a liderança política da nação.

Então, o presidente da república infelizmente negou essa possibilidade, negou esse dever que ele tem como presidente de fazer política, política com P maiúsculo, política com entendimentos com os partidos políticos, entendimentos esses feitos a luz do dia com escrutínio da imprensa e com a participação popular. Isso não tem nada de equivocado nem nada de errado; isso faz parte da política.

Eu vou citar dois exemplos. Recentemente, em Israel, que é uma democracia consolidada dentro de uma região extremamente conflagrada, como é a região do Oriente Médio, nesse último ano, eles realizaram três eleições, porque em nenhuma das três eleições um dos contendores conseguiu a maioria para formar o governo. Quando chegou a terceira eleição, ao término dela, eles acharam então que deveriam sentar-se em volta de uma mesa e conversar para ver como decidir essa questão. E o que é que eles decidiram? Isso sob o escrutínio da imprensa e da população. Eles dividiram os ministérios - esses ministérios tais ficam com seu partido e esses ministérios tais ficam com o meu partido. E não somente dividiram os ministérios pelos partidos, mas também dividiram o mandato. Cada um vai governar dois anos.

Em outra democracia, a italiana, depois da debacle que houve nos últimos anos, da política e dos partidos políticos italianos, acabou a democracia cristã, acabou o partido comunista e acabou o partido socialista, emergiram diversos partidos de diversas facções.

Majoritariamente, eles se dividiram e formariam uma maioria se estivessem juntos. Partidos de direita, dois principais, saíram desse processo que erodiu com o sistema político italiano. O Cinco Estrelas e o Liga do Norte ganharam as eleições, mas juntos eles não fizeram a maioria e para fazer a maioria e constituir um governo eles se aliaram com quem? Aliaram-se com a esquerda, ou seja, partidos antípodas a eles no sentido de ideário e de parâmetro ideológico. Mas eles encontraram, por intermédio do diálogo e do entendimento, pontos aqui acolá de convergência em que eles puderam se unir, formar a maioria e com isso constituir um governo.

Então, isso para dizer que em qualquer lugar do mundo isso acontece. No Brasil, costuma-se penalizar muito esse tipo de de ação política, porque ela não é feita às claras. Aí vem a questão do toma lá dá cá, quando não é feito às claras, quando não há a luz sobre esses entendimentos que são feitos e quando não há uma clareza, uma transparência nas conversas e nos entendimentos que estão sendo levados a efeito com um fim de constituir uma maioria do parlamento que gere a governabilidade. Quando isso é feito fora da agenda, encontros que não são noticiados, a gente no dia seguinte acorda dizendo ou vendo que foi nomeado o fulano para um cargo tal, beltrano para o cargo outro. A gente fica sem saber: mas como como é que surgiu? Como é que isso apareceu? Quais as conversas que antecederam essa decisão? Essa falta de transparência faz com que exista pejorativamente essa expressão *toma lá dá cá*, como se fosse uma questão meramente fisiológica, quando não é; é uma questão de união de vontades, de união e desejo de poder participar de um governo e apoiando esse governo, fazendo parte desse governo, e poder exercer com o projeto idealizado pelo presidente da República que é o chefe do poder executivo.

Por isso eu digo que o momento atual é de muita dúvida sobre essa estabilidade do governo. Nas últimas três semanas, o atual presidente da república vem dando sinais de uma certa trégua neste conflito que ele gerou na relação com os outros poderes, com o poder judiciário e com poder legislativo. Enviou mensageiros para conversar com o presidente do Supremo Tribunal Federal, conversar com ministros daquela corte, enviou emissários para falar com os presidentes das duas casas do Congresso, recebeu lideranças partidárias para tratar de assuntos de formação de governo e não tem participado mais das manifestações, o que era sempre um momento de exacerbação, porque nessas manifestações havia aquelas faixas pedindo fechamento do Supremo, fechamento do Congresso, volta do AI-5, volta de um regime de exceção. Enfim, tudo isso conflitando contra os princípios básicos da democracia. Alguém que foi eleito democraticamente para o posto, e que tem a obrigação e a determinação constitucional de governar sob a Constituição, não encarnando a Constituição como, em algum momento, de forma equivocada, o presidente da república se referiu.

De modo que nós esperamos que, passado esse período de convalescência dele - eu desejo que ele volte rapidamente à lide -, que ele com essa possibilidade já assinada lá atrás de estabelecer uma trégua, ele possa continuar essa abertura, continuar essas conversações para que consiga formar uma maioria parlamentar que dê sustentação ao seu governo, porque, como eu costumo dizer, nesse presidencialismo e sobretudo nesse presidencialismo de coalizão, presidente da república que não consegue construir uma maioria no parlamento não concluiu o seu mandato.

FG

Aproveitando a sua resposta, presidente Collor, minha irmã é israelense e eu sempre que posso vou a Israel - tenho Israel como uma segunda pátria -, vejo que o senhor muitas vezes utiliza Israel como exemplo de uma democracia por causa desse governo de coalizão que foi feito lá. O senhor acha que no Brasil teríamos a possibilidade de fazer uma espécie de pacto de unidade nacional? Assim como o senhor, eu também sou entusiasta do parlamentarismo. O senhor acha que seria essa solução a médio prazo?

FC

Eu acho que o parlamentarismo sem dúvida nenhuma é um sistema moderno, contemporâneo, atual. Costumo dizer que o presidencialismo de coalizão é a carroça do sistema político brasileiro, por isso sou parlamentarista e o cumprimento também por vê-lo como defensor dessa ideia de que o Brasil precisa de um sistema parlamentarista de governo, porque, além de tudo, o parlamentarismo traz no seu bojo uma vacina anticrise. A crise que existe no parlamentarismo é quando o primeiro-ministro recebe um voto de desconfiança, porque não está cumprindo com o programa previamente estabelecido por aqueles que formaram a maioria. Então, há um voto de desconfiança. Se o voto é aprovado, o governo cai, mas o país continua funcionando. O presidente da república então chama os líderes, vê se consegue formar uma nova maioria, mas o país continua funcionando, porque o parlamentarismo também traz consigo uma outra coisa extremamente importante, que é uma burocracia profissionalizada. São aqueles burocratas de segundo e terceiro escalões que estão lá, concursados. Entra governo, sai governo, o segundo e o terceiro escalões são os que tocam administração em última análise. Eles lá continuam trabalhando e tocando adiante os projetos que já estão em curso e com isso o país não para.

Enquanto se discute lá qual a formação da nova maioria com a queda de um governo e do primeiro-ministro, enquanto se discute qual será a nova maioria e dessa maioria quem sairá como primeiro-ministro, o país continua funcionando normalmente.

No Brasil, o presidencialismo de coalizão, o que ele nos traz? Ao invés de uma burocracia profissionalizada, ele nos traz uma burocracia formada por 37 mil pessoas que ocupam cargos comissionados, demissíveis *ad nutum*, ou seja, podem ser demitidos na medida em que chega naquele local o ministro, do ministério A, B ou C, em que chega o novo presidente da república.

Então, com essa mudança sendo feita, demitidos esses burocratas e entrando novos burocratas, até que eles tomem ciência do que está acontecendo e se dediquem a tudo aquilo que está sendo debatido e consigam forças para tocar e conhecimento para tocar aquilo adiante, se perdem um ou dois anos. Então é um tempo inestimável em termos de importância, para que um país possa abrir mão e deixar que as coisas possam mudar dessa forma sem uma estabilidade no quadro do funcionalismo público.

Por isso que eu acho que o parlamentarismo é sim uma questão que deve estar sempre na ordem do dia. Devemos estar sempre preocupados com isso porque eu acho e entendo que a reforma política é a mãe de todas as reformas. As pessoas falam muito em reforma política, mas nunca se chega a um momento de se encarar, face a face e de forma desabrida e corajosa e destemida, uma mudança na política, no sistema político do Brasil.

E essa mudança tem que vir com o parlamentarismo, tem que haver essa discussão para que nós possamos aperfeiçoar o sistema político brasileiro e com isso fazer o poder mais transparente e ao mesmo tempo mais estável, o que o presidencialismo de coalizão não fornece e não favorece.

FG

Ótimo, presidente! Em um artigo para o *Estadão*, eu lembrei do instituto do Conselho da República, que está no artigo 89 da Constituição Federal. Inclusive, foi promulgado pelo senhor em 1990, no seu governo. É um órgão de conselho para os presidentes da república em exercício em momentos de crise e eu sugeri que se fizesse esse órgão juntamente com os ex-presidentes com diferentes vieses ideológicos, como o senhor, o ex-presidente Lula, o ex-presidente Michel Temer. Enfim, o senhor acha viável no Brasil que seja feito isso? Em muitos países, os ex-presidentes têm cargos vitalícios de voz, como é o caso da Itália, por exemplo. O senhor acha útil isso para o Brasil?

FC

Acho muito útil. Em alguns países, isso é feito de maneira informal. Por exemplo, os EUA. Num momento de guerra, como a Guerra do Golfo, se não me engano, e depois a Guerra contra o Iraque, os dois presidentes, num momento e no outro, reuniram-se com os ex-presidentes, para ter um aconselhamento sobre a deflagração da guerra e como conduzir o processo. Esta é uma atitude inteligente, extremamente útil, porque reunir um presidente em exercício, num momento de crise - uma crise institucional, vamos dizer assim -, ou numa crise levando ao extremo, como a conflagração de um conflito militar, é bom e oportuno que se ouça a experiência dos ex-presidentes. É claro que a experiência não se transfere, mas ela pode ser transmitida.

Então, na medida em que o presidente pede que conte a sua experiência, no momento em que você estava aqui na presidência, que você viveu um momento que poderia ter chegado a esse que nós estamos agora, vivenciando, o que é que você fez, o que você pensou e aí vai aprofundando a conversa, o que que você julga conveniente que se faça nesse momento ouvindo a voz da experiência, ouvindo a voz de quem já viveu aqueles momentos, isso é um aconselhamento gratuito, é um aconselhamento institucional, é um aconselhamento republicano, que os presidentes poderiam dele se valer.

Mas aqui no Brasil, infelizmente, isso não acontece. Eu instalei o Conselho da República, formado pelos ex-presidentes. Dei a presidência do conselho da república ao ex-presidente José Sarney, a quem eu sucedi, e também nomeei os principais líderes, os presidentes das duas casas do Congresso, o presidente do Supremo Tribunal Federal, o presidente e os líderes dos principais partidos políticos, da maioria e de minoria, enfim, e integrantes da sociedade civil. Era um grupo de vinte a vinte poucas pessoas que formavam o Conselho da República, que, pela constituição, serve exatamente para isso você já afirmou: para servir de sustentação no momento de necessidade do presidente da república. Quando eu precisava ouvir o aconselhamento ou quando precisava ter outras sugestões, outras ideias de outras cabeças, sobretudo quando essas cabeças já estiveram trabalhando no exercício daquela mesma função e naquele mesmo cargo.

No Brasil, isso não está acontecendo agora nem eu vejo nenhuma menção. O atual presidente da república tomou posse há um ano e meio. Eu, em nenhum momento até agora, como ex-presidente da república e como Senador, como o único ex-presidente exercendo um mandato de senador ou de deputado federal, em nenhum momento fui convidado ou chamado para conversar, para tomar um café com o presidente da república. Não que eu ache que ele deva fazer isso; não é porque eu me sentiria envaidecido por esse convite. Eu me sinto no dever de estar à disposição do presidente da república, seja ele qual seja ou se fosse ele qual fosse, eu me sentiria no dever de estar à disposição desse presidente da república para poder com ele dialogar, se esse fosse o objetivo dele.Conforme você citou, poderia ser criado de maneira informal esse conjunto de aconselhamento do ex-presidentes, e ele conversar com cada um, conversar com todos em conjunto, pedir a opinião. Isso tudo faz bem à democracia, faz bem à saúde das instituições, ao fortalecimento das instituições, e faz bem à própria pessoa que está exercendo essa função.

FG

Presidente, o senhor sempre foi conhecido pela sua sensibilidade social e pelo seu olhar na camada mais pobre da sociedade. O senhor sempre se referia aos descamisados, aos pés descalços.

Eu, quando criança, quando eu ia em restaurantes por quilo, nos rodízios, sempre me perguntava onde ia o restante dos alimentos. Mais tarde, fui saber que ele era simplesmente desperdiçado e isso me chateou bastante. E no dia a dia da vida, a gente vai levando e acaba esquecendo isso.

Mês passado, eu fiquei sabendo que um projeto de lei do senhor foi aprovado e já sancionado pelo presidente Bolsonaro - agora é lei -, onde esses alimentos vão ser destinados para as camadas pobres da sociedade, porque, apesar de vários tipos de crise que temos, ainda somos o país da fome. Qual a importância que o senhor acha para esta lei hoje em dia? E parabéns pelo projeto de lei!

FC

Muito obrigado! Bom, eu acredito que essa lei seja de fundamental importância, porque ela combate o desperdício e combate a fome. O Brasil, para você ter uma ideia, joga fora por ano 12 milhões de toneladas de alimentos que poderiam ter sido consumidos pela população necessitada, que está passando por necessidade, passando fome.

Doze milhões de toneladas! E aqui no Brasil havia uma legislação que impedia aqueles grandes fornecedores de alimentos de poder dar, fazer a doação dos alimentos excedentes para as pessoas que necessitassem desses alimentos para levá-lo a sua casa para os seus filhos e para sua família e para si próprio. No Brasil, havia o impedimento, sob pena de sanções penais, de que essa doação fosse feita.

Então o meu projeto de lei nada mais nada menos fez isso: acabar com essa proibição e dizer que todos aqueles que quiserem fazer doação de alimentos podem fazer livremente, sem qualquer tipo de interferência do estado ou do município ou do governo federal. É uma doação da iniciativa privada para a camada menos favorecida da população, é uma linha direta: não tem que fazer cadastro, não tem que fazer a internet entrar com senha. É apenas a manifestação de interesse em geral: eles se reúnem em associações de bairro ou associações de moradores e basicamente vão a alguma dessas redes de restaurantes ou de fábricas, indústrias que fabricam esses alimentos para grandes hospitais, para rede de hotéis, para presídios, enfim, essas indústrias que tenham um excedente muito grande de comida. É só procurar, quando não essas próprias indústrias já procuram a quem fazer essa doação. E essa doação é feita daquele que doa para aquele que está precisando receber essa doação, sem qualquer tipo de interferência.

É uma lei que vem em boa hora. Foi aprovada por unanimidade no Senado Federal, foi aprovado por unanimidade na Câmara dos Deputados e sancionada sem vetos pelo presidente da república, o que é algo difícil, porque em geral o presidente da república, seja ele qual for, sempre tem alguma objeção, sempre tem um veto, e esse nosso projeto, o que demonstra suaqualidade, foi sancionado pelo presidente da república sem qualquer tipo de veto.

E eu fico muito feliz porque já sou sabedor e tenho informações de que esses alimentos já começaram a chegar às camadas menos favorecidas da população. Eles já estão sendo alimentados com essa doação que já vem sendo feita a partir do projeto de lei que eu apresentei, transformado em lei com a sanção presidencial.

FG

Ótima iniciativa, presidente! Nós, do meio jurídico, sabemos que a renúncia é um ato unilateral. Não depende de aprovação de terceiros. O senhor, assim como o presidente Jânio Quadros, renunciaram e mais tarde tiveram os seus direitos políticos cassados por questões obscuras ainda. O senhor foi absolvido pelo Supremo Tribunal Federal e eu pergunto: o senhor acha que a gente vive numa sociedade iconoclasta, onde personagens com certo carisma acabam sendo agredidos, como foi o caso do Jânio Quadros, do Getúlio Vargas e do senhor, que tinha tanto carisma que em questão de 10 anos passou de prefeito de Maceió para presidente da república? O senhor entende isso?

FC

O que eu vejo é que o problema está exatamente na questão do sistema de governo, não é? Tudo isso é a questão do presidencialismo. Na época, não havia o presidencialismo hoje de coalizão, que é a forma atual de se exercer à presidência da república. Você citou dois exemplos, Getúlio Vargas e Jânio Quadros, duas figuras notáveis da política brasileira. O doutor Getúlio deu fim à própria vida e foi um grande presidente. Em função da maioria que se formou contra ele dentro do Congresso Nacional, ele não resistiu e deu fim à própria vida.

Quanto ao professor Jânio Quadros, o que aconteceu com ele foi a mesma coisa, só que ele se antecipou e renunciou. Ele apresentou a carta-renúncia achando que a renúncia não fosse levada adiante, achando que o presidente do senado a quem chegou a carta-renúncia levada pelo ministro da justiça de então, Oscar Pedroso Horta, não daria sequência e que não haveria consequência com aquele pedido de renúncia e que ele voltaria com muita força e com o apoio do congresso. E isso não aconteceu. O presidente do senado de então, Auro de Moura Andrade, imediatamente leu a carta-renúncia, declarou vaga a presidência da república e deu posse ao então presidente da câmara dos deputados Ranieri Mazzilli. Foi isso que aconteceu.

No meu caso, o processo do *impeachment* foi um processo eminentemente político. Por mais que digam que há características jurídicas, que há certos aspectos de juridicidade no instrumento do *impeachment*, não há: é um instrumento eminentemente político, em que se forma a maioria no Congresso Nacional, e essa maioria resolve (sobretudo começa na Câmara dos Deputados) resolve afastar o presidente da república. E aí, instrumentaliza a lei para materializar esse desejo e essa decisão que essa maioria tomou de afastar do presidente.

Então, a lei é instrumentalizada e não aplicada *stricto sensu* e foi isso que aconteceu, no meu caso. Veja o absurdo: como você mesmo disse, a renúncia é um ato unilateral, onde não cabe qualquer tipo de discussão. Tem que ser aceita imediatamente, tão logo ela chegue. e No meu caso, do julgamento feito pelo Senado Federal transformado em tribunal, conforme diz a constituição, e presidido pelo presidente do Supremo Tribunal Federal, essa reunião do senado transformado em tribunal abriu a sessão e o meu advogado ingressou imediatamente e entregou o meu pedido de renúncia por escrito: uma carta renunciando. Naquele momento, o tribunal do Senado perderia sua razão de ser, porque só pode o senado ser transformado em tribunal para julgar o presidente da república; no momento em que houve a renúncia, não existindo mais um objeto para o qual foi convocado o Senado como tribunal, a sessão teria que cair, não há mais o objeto, essa sessão está encerrada e ponto final.

E o que é que aconteceu? A sessão foi suspensa: a carta lá entregue, sobre a mesa. Eles saíram dali, deram posse ao vice-presidente na presidência da república e, depois de ter o presidente da república empossado, eles voltaram para dar continuidade a uma sessão de julgamento de um presidente que não era mais presidente da república.

E me aplicaram uma sanção política de afastamento por oito anos da lide política de não poder ser candidato, não poder exercer nenhuma função pública nem poder ser candidato. Quer dizer, foi uma dupla penalidade: além do afastamento da presidência da república para a qual eu fui eleito como presidente da redemocratização, o primeiro presidente eleito depois de quase 30 anos de jejum democrático, eleito aos 40 anos de idade como até hoje o mais jovem presidente do Brasil e o mais jovem presidente das Américas, então esse presidente simplesmente foi afastado pela vontade de 400 deputados e da suposição de que as acusações que me faziam na época fossem verdadeiras. E essas acusações foram depois levadas à mais alta corte do país, o Supremo Tribunal Federal. Decidiu-se por maioria que essas acusações eram absolutamente infundadas; e se disse: essa pessoa, no caso, Collor, é inocente de todas as acusações que fizeram contra ele.

Perguntavam-me na época: já que eu fui afastado na suposição de que aquilo era verdade, o que diziam de mim, e agora o Supremo, a mais alta instância da justiça do país, diz que eu sou inocente, onde é que está o mandato que me foi concedido e me foi tirado? Onde é que está a minha capacidade de poder ser candidato que me foi tirada por oito anos por uma decisão baseada numa falsa suposição?

São questões que esse presidencialismo que aí está traz no seu bojo, essa instabilidade. Agora, pedem e falam da questão do afastamento, do *impeachment* do presidente da república, e eu não vejo nenhuma possibilidade de isso acontecer agora, no período em que nós estamos enfrentando uma pandemia . Há um inimigo número um que nós temos que combater, que é o coronavírus, e para isso nós precisamos estar unidos sob a coordenação do presidente, que infelizmente não assumiu esse papel. Espero que, tão logo se recupere, que ele possa reunir novamente os principais agentes políticos e a nação brasileira e a academia e a ciência, e poder coordenar esse combate de forma uníssona, de forma consistente para que nós possamos nos livrar o quanto antes dessa pandemia que está aí devastando a economia do mundo e também a do Brasil. Esta vai ser outro problema que já estamos enfrentando: o governo vem combatendo isso com alguma eficiência com esse pagamento dos R$ 600,00 desse auxílio emergencial para 50, 60 milhões de brasileiros, medida absolutamente necessária para atender às camadas mais vulneráveis com o efeito dessa pandemia.

Mas é preciso muito mais do que isso.Vamos ter que enfrentar, quando isso passar, uma economia em frangalhos. E aí, quais serão as condições objetivas que o governo terá para enfrentar esse gravíssimo problema que é a devastação econômica que vai se apresentar diante de nós?

Quando falam do *impeachment* do presidente, eu sou absolutamente contrário, porque falar do impeachment no momento em que nós temos um inimigo como a pandemia do coronavírus para combater, é apenas trazer ainda maior confusão ao país e uma convulsão que o país não pode e não tem forças para superar.

FG

Concordo com senhor, presidente, e em nossa jovem democracia, foi triste o episódio que aconteceu, até porque a presidenta Dilma está sim "impitimada", no sentido amplo da palavra, e não teve seus direitos políticos cassados.

FC

Foi a mesma lei. Veja só: o mesmo rito que regeu o meu processo de *impeachment* regeu o processo de *impeachment* dela. Agora, o rigor e o ritmo foram diferentes. O meu ritmo foi célere. E a lei é clara: "afastamento e inabilitação para o exercício da vida pública"; não tem "e/ou", mas lá os julgadores do processo da presidente Dilma entenderam que havia sim a possibilidade de incluir aí, de subentender que era "e/ou".

Então, a mesma lei, o mesmo rito, e eu fui penalizado com a suspensão dos meus direitos políticos por oito anos e ela não. Não que eu desejasse que ela tivesse seus direitos políticos suspensos não; acho que ela não deveria nem sofrer o processo de *impeachment*. A gente lamenta que o processo de *impeachment* aconteça; eu votei a favor do *impeachment* dela, mas lamentei que isso tivesse acontecido.

Por que é um instrumento, como eu disse, político, em que não há nenhuma razão de ordem jurídica a embasar fortemente um instrumento que a Constituição concede ao parlamento para afastar um presidente da república.

Hoje, o Presidente da República tem contra ele na mesa da câmara dos deputados mais de 40 pedidos de afastamento do cargo, e o presidente da câmara vem agindo no meu entender com muita prudência, com muita tranquilidade, com muita ciência do que está fazendo de não levar isso adiante, porque esse não é o momento de tratarmos dessa questão. É o momento de salvar vidas e de fazer com que esse sofrimento pelo qual a população brasileira está passando tenha o seu término o quanto antes.

FG

Presidente, lembrando de uma situação sua, a verdade não é filha da autoridade; a verdade é filha do tempo e o tempo é o senhor da razão. Estatuto da Criança e do Adolescente, Código de Defesa do Consumidor, redemocratização, abertura ao mercado exterior. Como o senhor acha que deveria ser lembrado seu governo na história?

FC

Aí temos de citar também a questão da criação do Mercosul, o fim da corrida atômica para construir bomba atômica. Banimos artefatos atômicos para fins bélicos aqui no Cone Sul, banimos as armas químicas e bacteriológicas. Eu gostaria de ser lembrado no futuro como um homem que esteve à frente do seu tempo, é assim que eu gostaria de ser lembrado

FG

E assim será, presidente! O senhor começou a escrever uma biografia: *A crônica de um golpe: a versão de quem viveu o fato*. O senhor tem vontade de terminar essa biografia? Como que ela está?

FC

Na realidade, não é uma biografia; é um relato. O título *A versão de quem viveu o fato* é a versão minha para um fato que sobre o qual todos já escreveram e todos deram sua opinião, mas nunca me ouviram. É um relato dos momentos que vêm da minha vida. Eu conto do início da minha carreira política e da minha vida, sobretudo os momentos pelos quais eu passei na presidência da república e um grande sofrimento a que fui submetido.

É um livro que já está pronto, com 674 páginas. Tem um capítulo só sobre perfis de pessoas com as quais eu convivi, muitas delas com as quais eu me decepcionei. E eu conto as decepções, o porquê da minha decepção, como também pessoas com que eu tive muita satisfação de conviver, porque foram pessoas absolutamente corretas e retas, retilíneas no seu comportamento.

Mas é um livro que não dá ainda para publicar. Esse livro concluí lá nos Estados Unidos, depois da minha absolvição. Eu tinha começado aqui no Brasil e terminei nos Estados Unidos. Terminei em 1995/1996 o livro, tem muitas fotos também, mas não dá para publicar porque as pessoas ainda estão aí. Tem coisas que eu escrevi debaixo de uma forte emoção. Não que tenha nenhuma palavra que fuja ao rigor da verdade; tudo que está ali é rigorosamente verdadeiro, mas é uma verdade que bate muito forte em muitas pessoas e as atinge de forma muito grave. Alguns já se foram, mas estão aí os seus familiares e eu não desejaria causar esse mal-estar, que seria muito grande, não somente a eles, mas ao conjunto da sociedade brasileira, quando eu descortinasse e a verdade aparecesse. Então: eu já tenho ele concluído, mas não sei quando ele será publicado.

FG

Confesso: tenho muita vontade de ler, presidente! Para finalizar, tenho uma fotografia, uma imagem na minha mente, e é muito forte. Quando o senhor desce a rampa do Palácio do Planalto, com as multidões aos lados, e o senhor para e vai cumprimentar uma pessoa específica. O senhor lembra disso que aconteceu? O que se passava na sua cabeça para esse gesto assim tão forte?

FC

Foi no dia da minha saída. Quando eu estava descendo para pegar o helicóptero, havia uma multidão na porta do palácio, gritando aquelas questões "fora Collor" e aquela coisa toda e eu olhando para eles. Nisso eu vi uma pessoa naquele meio, já encostando o corpo na grade que os separava de mim. Vi uma pessoa me aplaudindo e dizendo "Collor, Collor, Collor" e sendo empurrado pelos outros. Aí eu fui em direção a ele, olhando os outros todos que à medida que eu ia me aproximando, iam se afastando e iam se calando. E esse ficou gritando "Collor, Collor, você tem que permanecer, você tem que ficar". Então fui lá e o abracei, cumprimentei e agradeci pela manifestação de apoio. E foi um momento de muita emoção. Eu tenho o nome dele, está no meu livro, agora não me vem à memória, mas eu tenho o nome dele e inclusive depois eu encontrei com ele. Ele morava numa cidade satélite de Brasília e estive com ele depois, a família veio me visitar e eu recebi em casa, foi um momento de muita emoção e foi exatamente essa instante em que eu deixava a presidência da república, saindo do Palácio do Planalto em direção ao helicóptero.

FG

Uma imagem muito forte e marcante. E realmente, como o senhor diz, o tempo é o senhor da razãoEu fico muito agradecido. É uma honra ter conversado com o senhor, para mim e para todos os operadores do direito é uma aula. O senhor fala sobre a política e sobre sua trajetória fenomenal e eu fico muito feliz e honrado. Espero conversarmos mais vezes, presidente. Muito obrigado!

FC

Ótimo! Eu que agradeço a você pelo convite. É uma satisfação muito grande poder dialogar, conversar sobre temas tão importantes da atualidade e também do passado. E faz parte da nossa história. Muito obrigado!

Interlocução Brasil, 29 de julho de 2020

INTERLOCUÇÃO BRASIL – MICHEL TEMER

DIÁLOGO COM O EX-PRESIDENTE MICHEL TEMER.
FLAVIO GOLDBERG

Olá, presidente Michel Temer! É uma honra falar com o senhor, fico feliz pelo aceite do convite para conversarmos sobre sua trajetória política, seu governo e a política nacional atual.

MICHEL TEMER

Pois eu tenho muito gosto de estar com você novamente, Flávio, e tendo essa conversa, que será certa e seguramente muito construtiva. Fico muito orgulhoso pelo fato de você me convidar para essa conversa; muito gosto!

FG

É uma honra para mim presidente. O senhor foi professor de Direito, é professor de Direito Constitucional, um grande professor, grande jurista. Todos que estudamos direito já nos debruçamos no seu livro. Foi Secretário de Segurança Pública por mais de uma vez em São Paulo, também foi deputado federal, chegou à presidência da câmara por mais de uma vez, doi vice-presidente e presidente da república, então o senhor tem uma experiência tanto no poder legislativo quanto no poder executivo, assim como no judiciário pela sua formação jurídica. Como o senhor vê o impasse, como o senhor enxerga uma saída por esse impasse da briga entre os poderes que está acontecendo atualmente?

MT

Em primeiro lugar, Flávio, você sabe que tanto eu como você cultuamos muito a Constituição Federal e a Constituição Federal, ao estabelecer a independência entre os órgãos do poder, determina também harmonia. Então, o primeiro ponto sobre o foco jurídico e a consequência sobre o foco político-institucional é que os poderes têm que trabalhar harmonicamente. Toda e qualquer desarmonia significa uma inconstitucionalidade, e é claro que nós temos que ver, examinar com certa preocupação um eventual conflito entre os poderes do estado. É interessante: por mais que haja noticiário referente a essa eventual conflitância, o fato é que os poderes acabam se entendendo, não?

Hoje, critica-se muito a história do Supremo Tribunal Federal, que estaria invadindo competências do legislativo, não? E não me parece correta esta conclusão. Porque nós sabemos que o judiciário, ele age só provocadamente, o judiciário é um poder "verdadeiramente inerte".

Jurisdição só se manifesta se provocada e provoca muito, Flávio. A jurisdição é exata e precisamente o congresso nacional, deputados, senadores, partidos políticos a todo momento levam questões, provocam a manifestação do Supremo Tribunal Federal. Muitas vezes, a literalidade do texto constitucional permite uma decisão muito objetiva e muito concreta, outras vezes é a interpretação do sistema constitucional que leva a certas conclusões, então acho que nós, quando falamos, não devemos alimentar a ideia de que há um conflito. O conflito é, digamos, via imprensa, via manifestações individualizadas, mas não é exatamente em função dos órgãos do poder. Acho que ainda trabalham em relativa harmonia. Se começar a desarmonizar demais, nós temos que alertar, temos que apontar o dedo, porque aí o perigo já não é de uma divergência eventualmente política, mas de uma divergência institucional e a divergência entre as instituições é muito grave para o sistema democrático.

FG

ECom respeito ao protagonismo do Congresso Nacional, vejo o senhor e outras autoridades falando sobre vivermos numa espécie de semipresidencialismo, como acontece nos países da Europa. E de tempos em tempos nossa constituição é alterada, não? Apesar de termos uma jovem democracia, o senhor entende que poderia ser uma solução para evitar essas rupturas institucionais a implantação do parlamentarismo no país?

MT

São dois pontos que você levanta. O primeiro é realmente desta constituição nossa que é muito pormenorizada, vai sempre ao detalhe. E com isso a primeira consequência é a redução da discricionariedade, ou seja, da capacidade de escolha, seja do legislador ordinário, seja até da jurisdição. Muitas vezes, as soluções ficam literalmente expressadas. Veja que nós chegamos ao ponto de colocarmos até menos direitos do trabalhador.

Esse detalhamento, volto a dizer, impede aquela capacidade de escolha para o legislador ordinário e também para a jurisdição, porque aqui nós temos muitas emendas à constituição. Hoje, penso, são cerca de 106 emendas à Constituição Federal, porque você não pode alterar muita coisa por legislação ordinária. Então, você precisa propor emendas à Constituição Federal.

No regime presidencialista, você sabe que de qualquer maneira sempre tem que haver uma conexão governativa, digamos, entre o executivo e o legislativo, porque o executivo depende muito da atividade legislativa. Veja: estou sendo muitas vezes repetitivo no que digo, mas verdadeiro. Quem vocaliza vontade popular é a lei e quem propôs a lei é o legislativo.

A todo instante, o governo federal executivo precisa provocar o legislativo mediante projetos de lei. Portanto, depende da votação do legislativo.

Você tem a chamada *medida provisória,* que tem eficácia imediata como se fosse a lei e tem prazo de duração. E, nesse prazo, precisa ser convertido em lei sob pena de perder a sua eficácia. Com isso, quero significar que o executivo depende muito da atividade do legislativo nos dias atuais, portanto hoje quem governa já são junções do executivo com o legislativo. Eu digo isso, Flávio, claro, porque nós temos muito essa visão política cultural de que o presidente pode tudo, de que o executivo pode tudo, e não pode. Pode de acordo com aquilo que o legislativo estabelece, digo eu, já há essa conexão indispensável estabelecida pela constituição entre o executivo e o legislativo.

Agora, quando nós pregamos essa história do semipresidencialismo – e até, curiosamente, quando eu assumi o governo, eu trouxe o Congresso para governar comigo –, não havia uma reunião sequer em que não estivessem comigo o presidente da câmara e o presidente do senado. Eu fazia reunião de líderes, deputados e senadores sempre com a presença do Congresso Nacional. Foi, aliás, o que permitiu que nós fizéssemos as grandes reformas que vieram à luz no meu período de dois anos e meio de governo: reforma trabalhista, reforma do ensino médio, o teto de gastos públicos, a recuperação das estatais. A queda da inflação, a queda dos juros, tudo isso foi fruto dessa conjugação de esforços do executivo com o legislativo e até rotulavam o meu governo naquela ocasião de um governo semipresidencialista. É interessante como esse fato foi se avolumando de uma tal maneira que hoje você veja que o Congresso Nacional ganhou protagonismo extraordinário. A própria reforma da previdência, cujo debate e o convencimento se deram no meu governo, na verdade, quando chegou no legislativo, o legislativo foi rápido para protagonizar a reforma previdenciária que é fundamental para o país.

Mas de qualquer maneira sem embargo dessa integração entre executivo e legislativo, o fato é que no presidencialismo você tem muitas e muitas vezes alguns traumas institucionais e esses traumas derivam precisamente do impedimento, do *impeachment*.

Você veja que nós somos juridicamente uma jovem república que estamos completando agora praticamente 32 anos e já tivemos dois *impeachments*, e isso não é bom para o país. Eu percebo que isso cria um trauma institucional que não é útil para a governabilidade do país e cria instabilidades políticas e sociais. Ora bem, se você adota um regime semipresidencialista ou semiparlamentarista, qual é a vantagem? E veja que eu não falo de um parlamentarismo puro, do tipo o rei reina, mas não governa; estou falando um semiparlamentarismo ou semipresidencialismo a um estilo português ou francês, em que o presidente da república tem também uma substanciosa função e atividade. Ele é o chefe das forças armadas, é o chefe da diplomacia, é quem sanciona os projetos de lei e quem nomeia o primeiro-ministro.

A vantagem é que uma parcela da atividade executiva passa para o parlamento. O parlamento passa a ser legislador e executor, a velha distinção da chefia de estado cabe ao presidente da república ou ao monarca, e a chefia de governo vai competir ao gabinete sediado institucionalmente no legislativo. Permite que você, cidadão, comum, quando vai apontar o dedo para acusar, você não acusa só o executivo, você acusa também o legislativo. E o legislativo, portanto, assume uma responsabilidade muito maior, porque ele não só legisla como também administra as funções governativas internas, e isso me parece uma coisa muito útil.

Quando o governo não dá certo, o gabinete cai; você tem o chamado *voto de desconfiança*, o que significa a queda do governo que está no legislativo, mas isso se opera sem traumas institucionais, sem traumas políticos e é interessante. No presidencialismo, você precisa sempre formar uma maioria parlamentar; ora, no parlamentarismo ou no semiparlamentarismo, o primeiro-ministro necessariamente é fruto da maioria parlamentar; se não tiver uma maioria parlamentar que institua aquele gabinete, que apoia aquele gabinete, ele não consegue governar.

Eu dou exemplo muito recente, Flávio, de Israel. Você viu que lá fizeram várias eleições e não se conseguia formar um governo até que num dado momento os dois contendores, que eram candidatos dos seus partidos a primeiro-ministro, fizeram um acordo. Falaram: vamos fazer um acordo; você fica dois anos e eu dando apoio, o meu grupo dando apoio, e depois você dará apoio para que eu fique os próximos dois anos. Portanto, a maioria parlamentar se forma com muita naturalidade, o que muitas vezes no presidencialismo é difícil. O presidente está sempre atrás de criar uma maioria parlamentar para poder governar. No parlamentarismo, não; a maioria surge com muita naturalidade, como fruto do próprio sistema semiparlamentarista.

FG

Sim, o senhor citou o caso de Israel. Eu tenho uma irmã israelense e sempre que eu posso também vou para Israel. Lá foi feito um governo de coalizão. Li um artigo seu, acho que ainda de 2019, em que o senhor falava sobre o impacto do Alvorada, não? Em referência ao pacto de Moncloa, na Espanha, onde houve certo pacto de unidade nacional para o enfrentamento de uma crise. O senhor vê essa possibilidade? Como fazer no momento em que há uma crise sanitária, uma crise pandêmica e também política aqui no Brasil?

MT

Eu insisto muito nisso. Nesse artigo, que você lembra muito bem, eu dizia que precisamos fazer aqui o que nós podemos chamar de pacto do Alvorada, que seria o equivalente ao pacto de Moncloa.

O que aconteceu na Espanha? Na Espanha, quando o governo reassumiu, o rei reassumiu, foi preciso fazer um pacto para recuperar a Espanha. E aquele pacto de Moncloa reuniu o quê? Reuniu a classe política, inclusive a oposição, empresários, líderes sindicais; todos fizeram um grande pacto para reerguer a Espanha. Ora bem, neste momento, você lembra bem, temos uma crise sanitária, uma crise econômica e de igual maneira uma crise política. Especialmente, a saída do ex-ministro da justiça criou uma crise política no país e depois, na sequência, do ministro da saúde, não é?

Então, essas três crises comportariam, como devem comportar, um grande impacto. Veja bem, tocando no ponto da crise sanitária. O coronavírus não escolhe membro do partido A ou do partido B para penetrar no corpo dos indivíduos; penetra em qualquer integrante de qualquer partido. Não escolhe nenhuma classe social. O presidente poderia, por exemplo, chamar os vários partidos políticos, naturalmente os presidentes dos poderes, chamar inclusive os partidos da oposição, e estabelecer um grande pacto nacional para que todos trabalhassem juntos para, em primeiro lugar, combater a pandemia e, sequencialmente, recuperar a economia e deixar as brigas políticas para o momento eleitoral.

Nós teremos ao final do ano eleições municipais, depois, em 2022, teremos eleições presidenciais e dos governos estaduais, câmara dos deputados, senado. E este momento é o momento próprio para disputas eleitorais. Neste momento, a palavra-chave é *unidade*. A unidade se impõe, por isso que eu penso e divulgo sempre que nós teríamos que estabelecer uma espécie de grande pacto nacional para atravessarmos esse momento. Eu sei que não é fácil, há resistências a isso, mas seria extremamente útil para o país, por isso eu ainda considero aquele artigo que você leu há tempos atrás muito atual para o presente momento.

FG

Presidente, eu escrevi um artigo no *Estadão*, onde lembro do Conselho da República que está instituído no artigo 89 da Constituição Federal, e que é um órgão superior de consulta. Inclusive, sugiro que esse conselho se desse também com os ex-presidentes que, assim como o senhor, fala em muitas entrevistas que o presidente tem uma voz forte, os ex-presidentes também tem voz forte e, portanto, em muitos países os ex-presidentes têm os cargos vitalícios de voz, como no caso da Itália, por exemplo. O senhor acharia útil no momento atual ser instaurado esse órgão para uma ajuda? Nessa crise principalmente sanitária que vivemos?

MT

Eu li o seu artigo. Aliás, como sempre, muito bem colocadas e muito bem lembradas todas as teses que lá se acham.

Eu, francamente, acho que seria útil ouvir ex-presidentes. Não sei se por meio Conselho da República, mas é interessante. Nos Estados Unidos, as pessoas, o presidente ouve sempre o ex-presidente, os ex-presidentes. Já se teve uma experiência e ela pode ser útil para o país.

Agora, não sei se isso "pegaria", porque em nosso país há certa resistência.

Como ex-presidente, embora dê entrevistas, tento pautar-me para certa discrição, porque senão parece que você quer invadir a esfera de atividades de quem está no poder, de quem está exercendo a presidência. Tanto que, muitas e muitas vezes, quando me dizem: "você me dá algum tipo de conselho?", eu digo que não dou conselho. Mas se me pedirem eu dou um palpite e, evidentemente, esse palpite há de ser filtrado.

Teria que ser, Flávio, algo como ex-presidentes que não têm objetivos eleitorais, não queiram simplesmente representar um partido político, mas representar um pensamento de quem passou pela presidência. Porque, volto a dizer, se o ex-presidente estiver exercitando uma atividade política, vai ser candidato em qualquer momento, ou pleiteia em nome do seu partido, eu repito, vicia o processo de consulta, não? Então, guardados esses pressupostos, seria útil essa formatação que você propõe.

FG

Acho que são um benefício para a nação esses palpites que o senhor dá, e os vejo com bons olhos. E o senhor sempre foi conhecido como conciliador, um mediador e um pacificador de conflitos, não? Como o senhor vê o papel do Brasil nessa guerra da compra das vacinas contra o Covid? Estados Unidos, China, Europa, enfim, e os países pobres acabam por ficar defasados; para o senhor, qual seria o papel ideal para o Brasil exercer?

MT

O papel ideal é a tese chamada de *multilateralismo*, não é?

O Brasil não tem potencial econômico, político, para ser isolacionista ou vincular-se apenas a um ou dois países. O nosso interesse é um interesse diversificado, interesse comercial, com todos os países do globo, não?

Então, temos que ser multilateralistas. Nosso primeiro parceiro comercial é a China; o segundo parceiro são os Estados Unidos. Aí você vê que embora, eles muitas vezes tenham conflitos entre si, se um dia, por exemplo, a China deixar de comprar soja do Brasil – e compra bilhões de soja -, sabe de quem vai comprar? Dos Estados Unidos. Entendeu?

Nessa coisa comercial, o que vale são os interesses comerciais entre os países. Você sabe que o Brasil sempre abre os congressos da ONU, e nos três discursos que eu fiz lá, eu pregava essa tese multilateralista.

Se o Brasil não pode aliar-se a apenas um ou dois países, tem que ter uma visão universalista. Nossos interesses comerciais dizem respeito à necessidade de manter um bom trato, digamos político-institucional, diplomático até, com todos os países, sem nenhuma exceção.

Veja o caso da Venezuela. Nós temos uma relação institucional com a Venezuela, estado a estado, e uma relação com o povo venezuelano. Muitas e muitas vezes o que nós podemos fazer e fizemos foi crítica ao sistema de condução política do país.Por que que nós tínhamos o direito de fazer isso? Veja o número de refugiados venezuelanos que saíram da Venezuela e vieram para o Brasil, foram para a Colômbia, foram para outros países.Nós criticávamos o sistema político, o sistema governativo, mas não criticávamos o estado venezuelano e nem o povo venezuelano. Ao contrário, nos demos cobertura para parcelas do povo venezuelano que vieram aqui para o nosso país.

FG

Durante décadas, as forças armadas vem respeitando de forma rigorosa a Constituição Federal em seu papel. Nessa situação atípica em que vivemos, em uma ameaça à nação por esse vírus que é o coronavírus, o senhor entende que o papel das forças armadas poderia ser um pouco mais ativo contra essa guerra contra o Covid?

MT

Eles cumprem seu papel. As forças armadas elas têm uma presença muito grande, viu? Nem sempre conhecida. Você sabe que, quando eu era vice-presidente, eu coordenava a questão das fronteiras e fui muito visitar as fronteiras brasileiras.

Fora a parte e o sentido de segurança das fronteiras e até de segurança pública, combate a criminalidade e o tráfico internacional, o fato é que eles tinham um organismo chamado ACISO (Ação Cívico-social) e nele lá estavam presentes médicos do exército, dentistas do exército membros dos laboratórios do exército. Faziam exames de sangue, atendiam os doentes, atendiam aqueles que necessitavam de tratamento dentário. Enfim, em todas as fronteiras, eles têm um papel relevantíssimo.

Outro ponto também interessante é na questão de obras. Não são poucas as vezes em que o governo chama o exército para realizar certas obras, algumas inadiáveis, e também assim no combate à pandemia.

Acho que eles cumprem o seu papel. Eu não saberia dizer se nesse momento eles poderiam ampliar ou não. Veja: até no ministério da saúde tem um militar. Aliás, o General Pazuello foi quem nós colocamos lá em Roraima para coordenar a logística da chegada dos refugiados venezuelanos.

Em matéria de logística, ele tem uma experiência extraordinária, e hoje ele está lá no ministério da saúde.

Acho que as forças armadas cumprem o seu papel e, até ampliando um pouco a sua pergunta, eu diria que não há a menor preocupação com a possibilidade de as forças armadas romperem com a Constituição Brasileira. Na minha experiência, nos contatos que tive - e não foram poucos - com os dirigentes das forças armadas, revelou-se que eles têm um apreço extraordinário pela Constituição Federal. São servos dela. Não há nenhum risco de dizer que as forças armadas vão agora romper com o texto constitucional. isso não ocorre e não ocorrerá no Brasil. Tenho absoluta convicção.

FG

Presidente, em seu governo foram aprovados importantes medidas na área econômica, como controle de gasto público, e também foram aprovadas importantes reformas: a reforma trabalhista deu início à reforma da previdência. Como o senhor gostaria que fosse visto o seu governo para a história?

MT

Eu gostaria que fosse visto como governo reformista, em face disso que você está dizendo. Acho que meu governo poderia ser catalogado como o governo reformista. Veja: um governo reformista que agiu rapidamente. O nosso governo não foi um governo de quatro ou oito anos; são dois anos e meio, e nós conseguimos fazer tudo isso que você menciona. Por outro lado, também um governo que prestigiou a democracia.

Nós prestigiamos sempre a liberdade de imprensa. Ela não é só em favor do dono do veículo de comunicação ou do jornalista; é em favor do povo. Por isso, que você tem direito à informação.

É até interessante, Flavio: na Constituição, você encontra lá o direito de resposta. O que que é o direito de resposta? É para completar uma informação. Se a informação é equivocada, o sujeito pleiteia a resposta e com isso busca completar a informação e eu acho que meu governo fez exatamente isso com muita tranquilidade. Eu pregava sempre a unidade, pregava a paz. Veja que eu tinha uma oposição, convenhamos, legítima, mas feroz, combativa, não é? E eu não dava atenção. Eu achava até que era legítimo que se opusessem, afinal, perderam o poder, não é?

E eu fui em frente, toquei o governo pra frente, e cheguei até o final, sem embargo até, porque muitas vezes tentaram me derrubar do governo, não é? Mas eu cheguei até o final e cheguei por força dessa pregação que eu fazia, dessas medidas que eu tomava.

Então penso eu que eu serei - como graças a Deus, já começo a ser - reconhecido como alguém que fez reformas fundamentais para o país e ao mesmo tempo pregou a pacificação social.

FG

Presidente, eu tive o privilégio de acompanhá-lo na sua palestra em Oxford, uma universidade quase milenar em que grandes estadistas falaram, como Churchill, e figuras públicas de renome, como Martin Luther King. E o senhor muito bem representou o Brasil, tanto no direito como com um grande estadista e jurista que o senhor é. E não por menos foi ovacionado e aplaudido lá. Então, ouvi-lo para mim é sempre uma aula, presidente, e eu fico muito feliz e honrado por ter aceitado o convite para conversarmos aqui. Muito obrigado!

MT

Muito obrigado a você! Eu tive o prazer de você estar comigo nessa viagem que fizemos a Inglaterra, a Oxford, e realmente você via o interesse dos estudantes, dos pós-graduandos que nos ouviram, e graças a Deus nos receberam muito bem. Sempre quando eu vou aí afora, acho que consigo promover o país. Muito obrigado pela gentileza desse seu convite para ser entrevistado. Muito grato a você!

Interlocução Brasil, 04 de agosto de 2020

editoraletramento
editoraletramento
grupoletramento

editoraletramento.com.br
company/grupoeditorialletramento
contato@editoraletramento.com.br

casadodireito.com
casadodireitoed
casadodireito

Grupo Editorial
LETRAMENTO